生活を愉しみ豊かに生きる

―家政学者の生活実践―

編著　大本久美子

はじめに

本書は家政学の専門家が家政学の**総合性**と**実践性**をいかに自らの生活にいかしてきたかをまとめたものです。家政学は、生活の質の向上と人類の健康、安全、福祉に貢献する実践的総合科学です。このウェルビーイングの向上を目指す家政学という学問は、**実生活に反映させてこそ、**その価値を発揮することができます。

2020年は、世界中の人々が、変容する社会の中で**新しい暮らし方を模索し、**不安を抱えながらも健康に暮らすために様々な工夫をしながら生活を営んできました。家事や家庭生活の重要性、またその価値や課題を再認識する年になったのではないでしょうか。日本で科学としての家政学が誕生しておよそ75年、期せずして家政学の意義を改めて確認することとなりました。

一方、教育界では「OECD Education 2030」が注目されています。ここでは「**生き延びる力**」の育成が目指されています。生き延びる力とは、予測・行動・振り返りというプロセスの中で学習できる力であるとし、世の中を変える力を持ち、周囲にプラスの影響を与え、他の人の意向や行動や気持ちを理解し、短期または長期的な影響を予測できる力が重要であるとしています。

暮らしを丁寧に営み、「生き延びる力」を持ち、**健康**で人生がより**豊か**になるヒントを本書からみつけていただけると嬉しく思います。

また本書では、大阪教育大学の家政学教育のあゆみがわかる資料も掲載しています。家政学教室の設立と家政学を広く認識した「生活文化研究」誌の創刊等について、25年前にまとめられた恩師の論稿です。家庭科の教員養成やこれからの家政学教育の在り方を考えさせられる貴重な資料です。

この本に登場する人たち

変容しつづけるこの時代に改めて見直したい家政学。専門家の知恵と実践から、その魅力と生活のヒントを見出していきます。

学生時代の指導教官・恩師

研究者になるきっかけをくださった恩師

大学の同僚。近い研究分野で刺激をもらっている。

この本の案内人。日本の家政学や家庭科教育学の権威とも呼べる先生の教えを受ける。いまは、消費者教育や家庭科教育の研究の傍ら、家政学や家庭科のことを多くの人に知ってもらいたいと奔走している。

1956年から約40年間、家庭経済学、家庭管理学を専門に大学にお勤めされた。今とは全く様相の違った昭和30年代から、共働きという職業生活重視の家族生活を実践してこられた。

家庭科教育学、消費者教育学を専門とされています。子育てと仕事の両立、家族間での「情報共有」など様々な家庭での工夫を実践してこられた。

専門は、生活経営学、家庭科教育学、消費者教育学。本書では、生活というフィールドで知を統合させることができる「家政学」の魅力を存分に語っていただいた。

Q 先生たちの家政学の起点は？

A

1956年、大阪学芸大学家政学教室の助手に採用された時。

宮下先生

A

大学入学直後、家政学原論学者・黒川喜太郎先生にお目にかかった。

加地先生

A

大学1年生で学んだ「家政学原論」の必修授業（理論と実践との連結）。

鈴木先生

A

宮下美智子先生の「家政学原論」の授業。

大本

Q

先生たちにとって家政学とは？

A

自分の生活をもとに、人間生活を客観的に考察し、その向上改善の方法を考えること。

宮下先生

A

学問（思想）と実生活（実践）とが融合するもの。

加地先生

A

生きることそのもの。

鈴木先生

A

無意識に生き方に反映されているもの。

大本

Q

生活の中で
これまで
大切に
してきた
ことは？

A

自分の責任を果たすこと。

宮下先生

A

自分の感性にとって心地よく、その裏付け理論に納得できる方向性を。

加地先生

A

大変な時こそ、ちゃんと食べて、ちゃんと寝ること。

鈴木先生

A

周りの人に元気を与えられる人間でいること。そのために、自らが元気で笑顔でいること。

大本

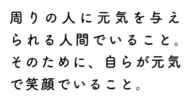

Q&A

Q これから大切にしたいことは？

A 残り少ない人生を、穏やかに過ごしたい。

宮下先生

A 遊ぶがごとく、心のままに行うことが則を超えないように精進すること。

加地先生

A ものづくりの原点回帰。

鈴木先生

A 「食べる・休む・学ぶ」をバランスよく、丁寧に暮らす。

大本

Q

若い人に伝えたいことは？

A

やりたいと思った事は、とにかく一歩踏み出して、やってみよう。

宮下先生

A

自分の考えや感じたことを自分の言葉で語り、実行することを大切に。謙虚さと感謝とを忘れずに。

加地先生

Q&A

A

「なりたい自分」を具体的にイメージしてください。今を変えれば、未来は創れる！

鈴木先生

A

これまでの「当たり前」「思い込み」を捨てて、自身の生活に向き合ってください。自分らしく生きる方法を自分の頭で考えて。

大本

個人と家庭から
社会や地球へ
豊かな未来は
広がっていく

自分の行動一つひとつがSDGsの17の目標につながり関連している。家政学は特に目標12の「つくる責任つかう責任」に関わっていると考え、自分一人の消費行動では何も変わらないと決めつけるのではなく、全てがつながり巡っているととらえ、個人が日々の暮らしを見つめなおしてこれからの生活を営んでほしいという思いがこのメビウスの輪に込められている。

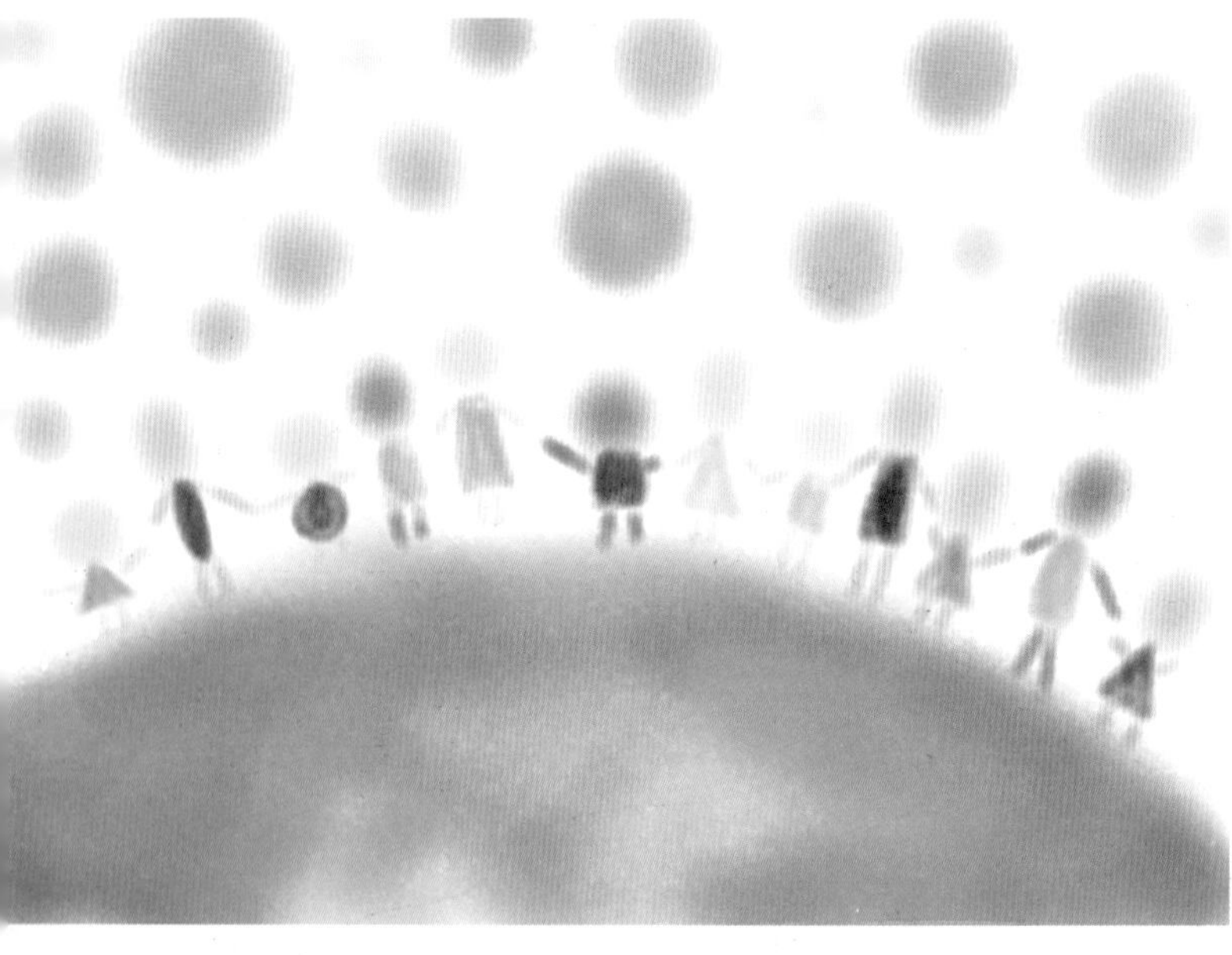

序章

家政学を知る7つの手がかり

家政学の目的・目標って何だろう？

一般的な目的
「家族の幸福増進と人類の福祉増進」
具体的な目標
「家庭生活の向上と人間開発」

1986年、学生だった大本の授業ノートより

2 家政学の対象って何だろう？

「家政を中核とする生活システム」

構成する要素（部分）が相互に関連・機能しあい、全体を作り出しているという「システム理論」の原則を、家庭生活に当てはめ、生活システムとして捉える。これにより、家庭生活と家政という次元の違うものを融合し、家政学の研究対象として具体化する。

1986年、学生だった大本の授業ノートより

3 家政学ってどんな学問？

生き方の違いによる様々な人の価値観を認め合いながら、衣・食・住などの知識を活かしつつ、自分の生活の質を豊かにし、幅を広げ、将来自分がどのような生活がしたいか夢と希望が持てるようにする学問。

私たちの生活を様々な角度から研究し、人の生活をより幸福にするための実践的学問。

自分の言葉で説明する「家政学の定義」
（「生活研究論」授業レポート（2010年）より）

4 そもそも家政学とは？

O・F・ボルノー博士の哲学に依拠して『家政哲学』を提唱した関口富佐氏は、家政学を人間守護の学問とし、人間の行為と物財との関係に注目し、「いかに生きるか」「人間とは何か」を問いながら価値探究と価値実現することの大切さを説いている。家政学を「家族および個人生活に守護性を付加し、その増大をはかる行為及び技術を体系的に統合した学問」[1]と定義した。

一方、国際家政学会創立100周年記念大会（2008年）において、ポジション・ステートメント『21世紀の家政学』が発表された。

その中に「21世紀には、家政学の対象を広い生活環境を含むものとし、家庭内から地域＝世界的な（glocalな）コミュニティに広げる。家政学は、個人・家族・コミュニティのエンパワーメントとウェルビーイングに関心を払う」[2]の記述が見られる。ここでは家政学は「個人・家族・コミュニティにとって最適で持続可能な暮らしを実現するための、これまでの科学の枠組みを超えた総合的な人間科学である」[3]とされている。

5 家政学は「生活の質」を追求する学問

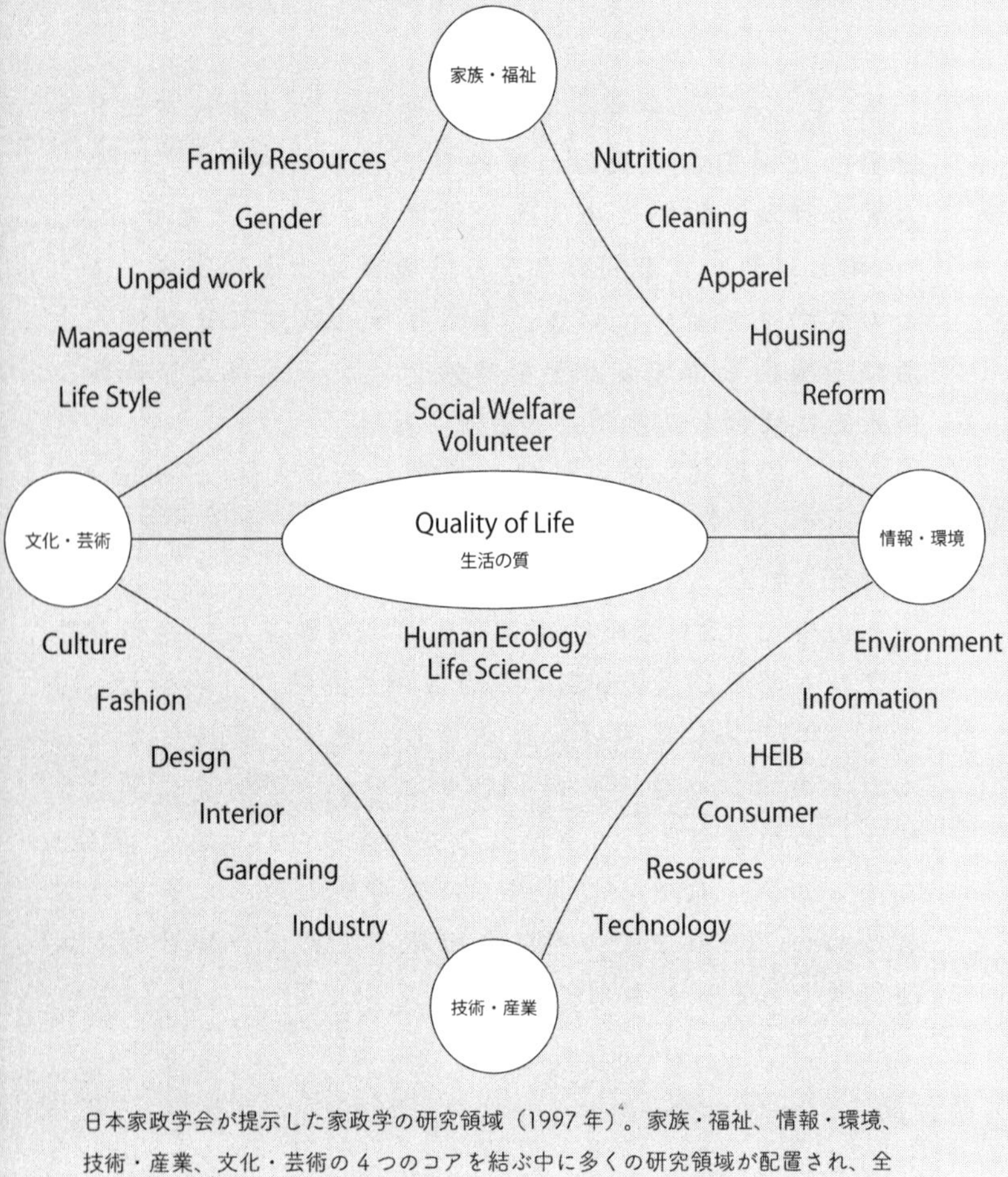

日本家政学会が提示した家政学の研究領域（1997 年）[4]。家族・福祉、情報・環境、技術・産業、文化・芸術の 4 つのコアを結ぶ中に多くの研究領域が配置され、全体としては「生活の質」を追求する学問であることを示している。

6 少し家政学に詳しくなれるキーワード

KEYWORD1

［エレン・スワロー・リチャーズ］

Ellen Swallow Richards（1842 年 12 月3日 – 1911 年3月 30 日）
マサチューセッツ工科大学の最初の女子学生。家政学の成立に貢献し、家政学の母と称される。アメリカの消費者教育の先駆者でもある。彼女は、すべての知識の究極的価値は、人間の健康と環境に従って決定されなければならないと考えていた。1910年に『ユーセニクス（優境学）』を提唱。

KEYWORD2

［ユーセニクス］

リチャーズが提唱した言葉。人間が完全な有機的生命としてその存在を実現するためのよりよい生活を目指した科学として構想。科学と教育を生活に結び付けることの重要性について言及している。

KEYWORD3

［日本の家政学］

1948年に初めての女子大学の設立が認可され、新制大学として日本女子大学が発足、家政学部を設置した。これによって「科学としての家政学」が研究される素地が誕生した。翌年の 1949 年に「日本家政学会」が設立された。

家政学部の減少や学部名称変更等により、今日、家政学という言葉そのものを知る機会が減少した。

古代の賢人エピクロスやセネカ、そしてアイマラ民族はつぎのように言いました。

「貧乏とは、少ししかもっていないことではなく、限りなく多くを必要とし、もっともっとほしがることである」

このことばは、人間にとって何が大切かを教えています。

（…中略…）

水不足や環境の悪化が、いまある危機の原因ではないのです。ほんとうの原因は、わたしたちがめざしてきた幸せの中身にあるのです。見直さなくてはならないのは、わたしたち自身の生き方なのです。　（…中略…）

社会が発展することが 、幸福をそこなうものであってはなりません。

発展とは、人間の幸せの味方でなくてはならないのです。

人と人とが幸せな関係を結ぶこと、子どもを育てること、友人を持つこと、地球上に愛があること－

こうしたものは、人間が生きるためにぎりぎり必要な土台です。

発展はこれらをつくることの味方でなくてはならない。

なぜなら、幸せこそが最も大切な宝だからです。

　人類が幸福であってこそ、よりよい生活ができるのです。

　わたしたちがよりよい生活をするためにたたかうとき、これをおぼえておかなくてはなりません。

『世界でいちばん貧しい大統領のスピーチ』（汐文社）
くさばよしみ・編　中川学・絵　（2014）より

ウルグアイのムヒカ大統領の2012年の演説を意訳して子ども向けの表現に変えた絵本。人類の幸福とは何かを問いかけている。

第一章　共働きの二階玄関・居間の住まい

宮下美智子先生

宮下美智子先生は、大本の学生時代の指導教員、恩師です。41年間家政学に関わってこられました。ご専門は、家庭経済学、生活経営学です。

本章では、50年前に建てられたお住まいのことや、どのように職業生活重視の家族生活を実践してこられたのか、家政学のプロフェッショナルの生活実践をご紹介します。

家政学との出会い

私は1931年生まれで、満州事変、日中戦争、太平洋戦争のさなか、小学生時代を過ごし、1945年、高等女学校2年生の夏に敗戦を迎えた。戦前の教育制度において、私が受けた家政教育は裁縫、家事が中心で、女子のみの教科であった。家庭婦人になるために必要な教科とされていた。戦後の混乱期を経て、教育制度が変わり、1948年、男女共通の新制度が発足した。私は旧高等女学校4年を修了後、男子中学校と合併した男女共学の新制高校2年生に進学、数人の女子が、希望して男子の文科の組に入った。クラス編成の初日、私たちは男子生徒から、「女が入ると学力が下がる」とブーイングを受けた。悔しかったが、確かに、女学校では、男子の中学校に比べ、数学、理科、英語などの時間が少なく、学力の差となっていたものと思われる。その分、女子には、主婦になった時に必要とされていた裁縫、家事の時間が多く課せられていた。戦後の学制改革により、性別による違いはなくなった。新制高校へ進んだ私は文系クラスを選び、大学も文学部を選んだ。京都大学文学部に進んだ私は、次第に文学よりも、社会科学に関心が傾き、史学科国史専攻を選んだ。女子の社会的地位について関心があり、卒論では、女性の地位が低かったとされる近世の農民経済を実証的にとりあげた。(「近世近江の農民経済」日本史研究26号)．その後、女性史研究会に参加し、「農村における家族と婚姻」(1982日本女性史3巻　東大出版)などで、その歴史的実態をとりあげている。

このように私は女性の地位、家族などに強い関心を持っていたが、家政学、家庭科にはあまり関心を持っていなかった。しかし思いがけない所から家政学に深く関わることになった。そのきっかけは、宮川満先生との出会いである。私が、京大国史研究室に学生として在籍していたころ、宮川先生は敗戦によって戦争から帰って来られて、高校、短大の講師などをしながら、京大史学科の資料室へ古文書を読みに来ておられた。先生は中近世社会経済史専攻で、出身も私と同じ滋賀県で、地方史料採訪にもご一緒して実地に教えていただいた。その後、大阪学芸大学家政科助教授になられた宮川先生から、助手に応募しないかとのお誘いを受けた。担当分野は家庭経済学、家庭管理学である。同大学は旧師範学校から新制大学として発足し、家政科教室は、栄養学の篠田先生、染色学の上村先生を中心に、人材を集めていて、新しい家政学、家政教育に意欲的であった。その方向性、内容を宮川先生からお聞きして、共感し、応募することにし、1956年4月大阪学芸大学学芸学部助手として採用された。当時大学教員は圧倒的に男子が多かったが、家庭生活を教育、研究の対象とする家政学科では先生方のお考えで、教室男女半々を原則としておられたということである。就職難の当時、まして女子としては、恵まれたやりがいのあるポストを与えられ、新分野への意欲を新たにしたのを覚えている。

共働き生活と公団住宅住まい

私の職業生活は、1956年4月、大阪学芸大学学芸学部家政科助手に採用された時から始まった。就職難の時代であった。まして女子である。就職面接の際、当時の学科主任の上村六郎先生から、結婚はどうするつもりかと聞かれた。すぐに寿退職することを懸念されたのだろうか。当時、私は結婚の予定があったので、返答に困った。そして「仕事に支障をきたすような結婚はしません」と、苦しまぎれの返答をした記憶がある。先生はどのように思われたのか、何もおっしゃらなかったが、結果は無事、大阪学芸大学家政科助手に採用された。その年の11月に結婚し、以来、私の共働き生活が始まった。私は仕事も家庭も両立させたかったが、女子は結婚すると職業を辞めるのが一般的だった当時には、結婚によって職場に迷惑をかけない「仕事重視の共稼ぎ」で認めてもらうしかないと思っていた。

就職、結婚後の私の住まいは、基本的に職業生活重視の住まいであった。学生時代は生家（滋賀県大津市）に住んでいたが、就職と同時に、大阪学芸大学池田分校に近い池田市満壽美町のお屋敷の離れに寄宿した。その年の秋、結婚にあたって夫婦の住まいを探したが、住宅難の時代で、借家、借間がなかなか見つからず、結婚後も暫く夫婦で元の下宿に住まわせてもらった。その後は住宅公団の新規募集に何度も応募し、伊丹市寺本住宅、豊中市服部住宅、池田市五月が丘住宅と、転居を重ねた。私の勤務先に近いことが第一条件で、だんだん私の勤務地へと近くなった。その時２人の収入を合わせてやっと、公団住宅2Kの応募資格を得られたという時代だった。

公団住宅での転居を重ね、大学へ歩いて通える五月ケ丘団地では、それまでの2Kとは違って3Kとやや広く、1960年8月に生まれた長男と合わせて3人家族で、入居することが出来た。この団地は大学池田分校へは近く、歩いて約10分と、私にとっては、とても恵まれた住環境だった。子育ては通いのおばぁちゃんに来てもらい、子どもの面倒を見てもらった。このおばぁちゃんは、13人の子どもを産んで11人を育て上げたという大ベテランで、初めての日に私が用意していた消毒用の手洗い液を、「こんなん、初めのうちだけじゃ」と一笑に付されてしまった。子育てについて意見の合わないこともあったが、教えてもらうことも多く、とても頼りになり、勤務中に子どものことが気がかりになるようなことはなかった。しかし、いつまでもおばぁちゃん子ではよくないと思い、長男が2歳半になった4月に、保育園に入園させることになった。私立ではあるが、大学にも近く、おおらかな園長先生の教育方針も共感できた。保育園への送り迎えは、朝は夫が車で、帰りは私が大学からの帰りに迎えに行った。車は中古の小型車で、保育園への送り迎えを口実に夫が買ったものだが、当時としてはまだサラリーマンの自家用車通勤は珍しく、勤め先の駐車場に停めるようになった一人目だったという。しかし、夫の出勤時間に合わせるので、保育園には一番乗りのことが多く、長男は、「ゆっくりさしてえーなぁ」と、いうこともあったが、朝はばたばたと、追い立てていたように思う。

二階玄関の家

公団住宅の生活も次第に手狭になり、自分たちの生活に合った自宅を持ちたいと思うようになった。当時開発が進んでいた池田市畑地区に分譲地を購入していたので、そこにプレハブ住宅を建てることを検討していたところ、篠田統先生からご長女の家の見学をすすめていただいた。ご夫君の好川博さんが、大手建築設計会社にお勤めの技術者であった。私たちが、伺った枚方のお住まいは広々とした芝生の庭に向かって開放的なリビングが気持ちよかった。私たちの生活実態と住宅への希望を述べると、提案してくださったのが、コンクリート壁構造二階玄関の家であった。好川さんのお知り合いの工務店の施工によって、1967年3月に完成、長男の小学校入学にあわせて、入居することができた。そこは秦野荘園分譲地の一画で、周りは木造二階建ての家が多かった。その中で、小さいなりにデザインされたこの家は異色だった。まず玄関が二階である。打ち放しのコンクリート壁が小さい建物をかくし、広い庭が目に入る。当時としては見慣れない建物だった。入居して間もなく、新聞の勧誘などに、二階の玄関から応対しても、「下の方は何時入居されますか」などと聞かれることもあった。また表に面した打ち放しコンクリート壁は、あまりなじみがないのか、塗装前と思われたのか、「いつ、完成しますか」と聞かれたこともあった。

二階に玄関、リビング、台所、トイレ、一階に洗面所、風呂、トイレの間取りは、私たち共働き生活には合っているというか、よかったと思った点である。まず、二階リビングは日当たりもよく、気兼ねなく窓を開けることもできて開放的である。一階が居間ならば、平日の朝、開けた雨戸をもう一度戸締りして外出しなくてはならない。一階寝室の場合は夜の戸締りのまま、明るい二階で食事をし、そのまま施錠して留守に出来る。二階出入り口の生活は、大きな荷物を運び入れる時にはちょっと、しんどいなと思ったこともあったが、気に入ったことの方が多く、とうとう50年あまり住み着いてしまった。その間1971年、二男が生まれ、裏の部分に二階建てを増築したが、一階寝室、二階居間の生活構造は変わっていない。

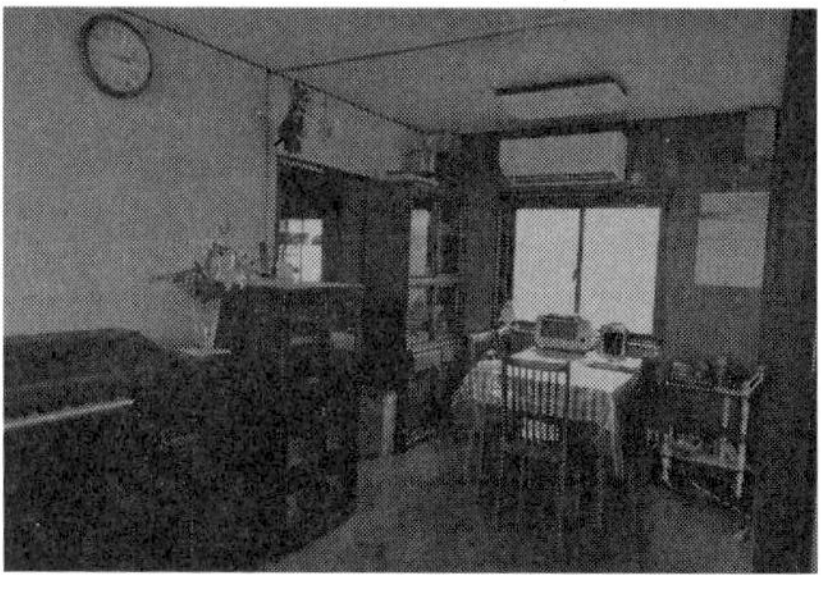

（上）二階居間のベランダ
（中）建設当時の正面写真
（下）現在の居間

夫の転職と老後生活

子どももそれぞれ職業を持ち、家を離れ、夫と二人だけの生活になった。その間、夫の転職という出来事があった。夫は大手電機メーカー研究所の研究員であったが、定年前10年を契機に退職し、独立した事業を立ち上げたいという希望であった。それまでお互いの仕事の内容については、専門も違うのでよくわかっていなかったが、大きな組織の中では実現できなかった夢を、小さいながら実現したいという希望は理解できた。具体的には夫の収入、退職金はすべてその事業の資金にあて、家族の生活費を私の収入で賄うということである。彼の友人、知人の多くは反対ということだった。私も事業の失敗を懸念したが、一度しかない人生だから何とかやらせてあげたいと思った。その時、頭の中によぎったのは、学生時代に聴講した京都大学経済学部堀江英一先生のゼミでの話である。先生が思想的に不本意な仕事をせずに、本意を貫くことができたのは、奥様が教師として働きつづけ、経済的に家庭を支えてくれたからだというお話が、ずっと心に残っていた。私の夫が、自分の技術を生産の分野で形にしたいという希望を実現するために会社を辞めたいということとは、大きな違いがあるかもしれないが、人生一度きりだから、やりたいことを、やらせてあげたいと思い、自分に生活を支える収入のあることを嬉しく思った。

夫婦間での家事の分担は、結婚当初にほぼ同程度の負担をと考えて、食事の支度、洗濯は私、食事の後片付け、掃除、家の維持・補修は夫というように大まかにきめていたが、それぞれの仕事の都合によってうまくいかないこともあり、その時々の実情にあわせて対応、変更して現在に至っている。

その一つとして、食事の後片付けであるが、はじめは、夫の分担だった。長男が小学校2年生の頃だったと思うが、社会科で「お家の人々」についてのプリントで「遅くまで、お家の仕事をしている人は誰ですか」という問題があり、息子は、「お父さん」と書き、結果は×であった。先生の求められた正解は「お母さん」であったが、息子は自分が寝る段階でお母さんは、自分の明日の用意などにつきあっていて、お父さんが食事の後片付けをしていたので、「おそくまでお家の仕事をしているのは、お父さん」だったのだ。先生の×には納得がいかない様子だった。当時の固定的な役割分担の実情から、わが家はずれていたための誤答であった。

その後子どもも自分で明日の用意ができるようになり、私にも時間に余裕ができるようになったので、食事の後片づけを、夫と一緒にするようになった。この時間は夫と一緒に食器洗いなどをしながら、お互いにその日のことを話しあう時間にもなって、今も続いている。

大阪教育大学を定年退職後、1996年から2002年までの6年間、大手前女子大学文学部教授として日本近世史を担当した。その中でやり残した女性史研究についても、後輩に伝えることができた。また、在職中に大手前女子大が大手前大学として男女共学となり、男子学生にも女性史の問題を講義できたのは、男女共学となった新制大学2期生としての私なりの感慨を覚えたことであった。

2002年71歳で大手前大学を退職、年金生活に入った。夫も会社を長男にまかせ、自由な時間がもてるようになった。私たちに残された時間がどれだけあるかはわからないが、これまでできなかった趣味や旅行などを夫婦で楽しむことにした。70歳代はヨーロッパを中心にした外国旅行、80歳代では国内各地のバス旅行が主である。

日常の趣味活動としては、私は一人でもグループでもできるエレクトーンと太極拳を選び、去年まで楽しむことができた。

しかし、今年1月以来、思いがけないコロナの流行によって、高齢者の外出は自主規制することになり、旅行もけいこ事も中止、以来、ほとんど自宅での老人夫婦の生活となっている。コロナの少しでも早い収束を祈るばかりである。

大本による
解説

先生との出会い

昭和59年の春、私は先生のゼミ生となった。家庭経営学と家族関係学を学ぶ研究室である。昭和63年秋までご指導いただいた。

典型的な性別役割分業家庭（熊本生まれの九州男児の父と東京育ちの専業主婦の母のもと）で育った私は、共働き像をイメージすることが困難であったが、先生がその有職母親モデルとなった。お昼休みに、お弁当を食べながら2人のお子さんのお話を聞かせていただくのが本当に楽しい時間であった。女性も職業を持ちながら家庭生活を営む、こんな生き方があるのだと、一気に視野が広がった。

先生から学んだこと

・食べたものをきちんと記録に残し、献立に困った時には、昨年の今頃は何を食べていたかを参考にして、食事づくりを工夫されていた。食生活管理の重要性を学んだ。

・ご退職後、エレクトーンを習うなど新しいことに挑戦されるお姿から、年齢に関係なく、やりたいことを始めることの大切さを学んだ。

・寝る前に落語を聞き、笑いを日常に取り入れ、免疫力を高める工夫をされていた。先生の高齢期の心と身体の整え方を参考に、私も健やかに退職後の生活を愉しみみたい。

第二章　加地芳子先生

子育ての極意

楽しく工夫しながらしなやかに

加地芳子先生は、大本が研究者になるきっかけを作っていただき、現在も様々にご指導いただいている恩師です。専門は、家庭科教育学、消費者教育学です。

本章ではお母様とご主人の３人でどのように子育てと仕事を両立されてきたのかを中心に、家政学のプロフェッショナルの生活実践をご紹介します。

はじめに

仕事をしながら子育てをするロールモデルとなる生活の実践事例を紹介するようにとの依頼を受け、私のこれまでの生活を振り返って見ることにしました。

私は幸いにも、大学院修了と同時に結婚、そして私立短期大学専任講師として就職。その後、二つの教員養成系大学に勤務しながら定年まで教員生活を続けることができ、〈二足の草鞋〉を履き続けてきました。振り返ってみますと、有形無形に周囲から支えてくださった方々、そして家族・親族の理解と支援・協力とがあったからだと感謝の気持ちで一杯です。

ここに、ご紹介する私の生活実践は、一言で申せば〈綱渡りの歴史〉で、頭を打ちながら、どのようにダマしダマしして〈切り抜けて来たか〉の足跡ですが、もし何か参考にしていただくことがあれば、この上もない喜びです。人は、過去を美化する傾向にあり、私もまた例外ではなく、割引してお読みください。

ライフステージに応じて重視した視点

①子どもの出産育児期――実母にサポートしてもらった時期

就職後４年目に、第一子を出産と同時に、私の実母が同居することになり、実質的には母が家事・育児の軸となって、サポートをしてもらいました。当時、近くに保育所がなく、夫婦と母との３人のチームで家事・育児をすることになりました。時間的・実務的には、母への依存度が非常に大きい時期でしたが、特に子育ての軸につきましては我々夫婦が担う、という基本は、３人で共有していました。もっとも、産休が明けると、留守中の子どもの様子が気になり、ずっと側に居れないことは、辛いことでした。

帰宅して早く子どもの世話をするために、不在中の子どもの状態を〈見える化〉して、バトンタッチがスムーズにできるように、情報共有のツールとして作成したのが、一日24時間を円一周に振り分けた毎日の円グラフです。子どもに関しての、授乳（母乳・人工乳）、白湯、果汁、排尿、排便（量を示す）、入浴、日光浴などのタイミングをそれぞれのマークで記入することにし、一週間分を七重の同心円に記入しました。授乳量や、特記事項もメモしています。

特に母乳が十分出なかったので、補うミルク量の目安がわかり、助かりました。そのグラフ（資料1）は、出産後退院した日から記載しています。一週間分の生活リズムを把握することで体調の把握がしやすかったように思います。長女は二十四週まで、次女は十四週までの同心円グラフが残っています。彼女たちが結婚するとき持たせました。

円グラフの後は、メモ帳一日一頁に重要事項をメモしています。特に離乳食の開始時期は細やかな記録を残しています。

３歳違いの二人の娘に関する記録量の違いは、それだけ親としての自信や見通し力をもてるようになったことの現れでしょうか。伸びやかな子育てができるようになった〈親としての成長〉の現れと考えることもできるように思います。

資料1：1週間分の成育の記録

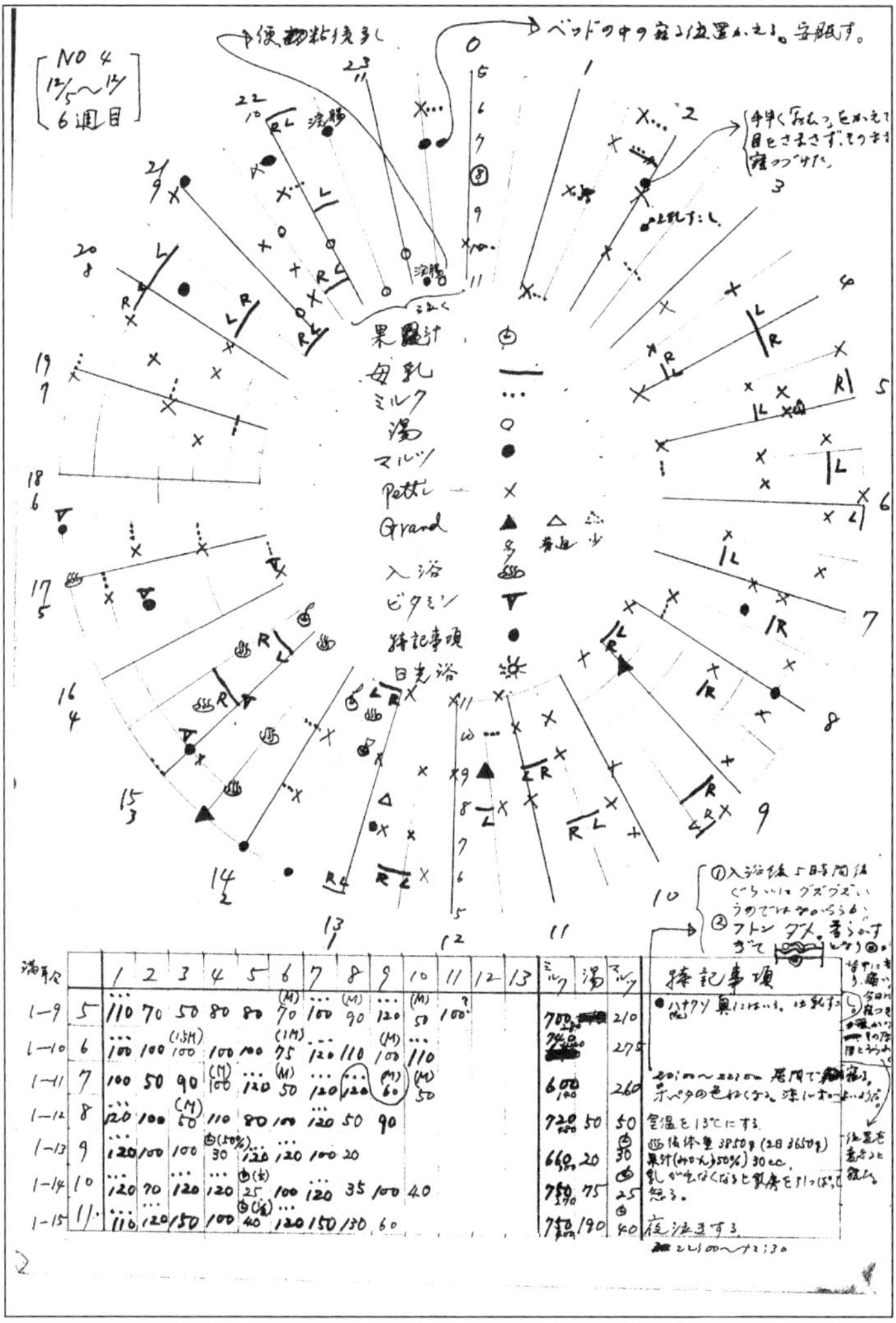

②子供の通園・通学期

幼稚園は、少し離れた幼稚園にお願いすることにしました。信頼できることが第一条件でしたが、できるだけ登園時刻が早くて、遅く下園するところを選びました。出勤前に見送り、子どもたちの帰りが遅ければ、迎えてもらう母への負担が少なくなるためです。参観日は、夫婦二人で都合をつけ合ってできるだけ出席するように努力しました。結果的には、文系の研究者である夫の方が、出席回数が多く、いわゆるイクメンの走りだったと思います。

我々の仕事は、帰宅後も尾を引きますので、家での自分の時間をどのように確保するかが悩みです。子どもの就寝後に、仕事をしようとすると、特に、私が忙しい時は、子どもとの時間も〈心ここにあらず〉、子どもは私の心理状態を察知し、なかなか寝付かず困惑することがよくありました。そこで、発想を転換し、帰宅後は、子どもと一緒に過ごして、一緒に就寝、早朝に仕事をする生活リズムに切り替えることで、親も子も心理状態が安定しました。特に、冬は早朝の三時頃に起床するのは、辛かったですが、誰にも邪魔されない時間を確保できる点では最高です。一日の疲れが取れた早朝の時間は、集中して能率よく仕事ができ、有難かったです。

当時、子どもの自立心を育てるために親子は別室で就寝するのが良いという〈新しい子育てのあり方〉が紹介されていました。しかし、昼間一緒に居る時間が短い我が家の子どもにとっては、しっくりこないと思い、川の字の姿で就寝していました。

また、寝床で本を読むことも育児書では否定的でしたが、子どもと肩を寄せ合って、就寝前の読み聞かせをしていました。手持ちの絵本を読み尽くした後は、『昔話百選』という分厚い本から、子どもがリクエストしたお話を読んでいましたが、彼女たちの一番のお気に入りは「山姥と馬子」という、オドロオドロしく刺激的な昔話でした。私も頑張って山姥の声色で読むので、怖がってしがみついてくるのですが、読み終えると満足して熟睡していました。結果的には、保育の専門家のアドバイスの反対のことをしていたことになりますが、自分の子どもの反応を自分の眼と感性とで判断して、試行錯誤しながら見つけた方法で子育てすればよいのだと思います。因みに、娘たちは、本好きな少女に育っていきました。

園・学校・塾など、子どもにも社会との接点ができ、常に期限があって処理しなければならないことが増えてきます。同時に仕事上処理しなければならないことも多々抱えています。これらをうっかり忘れないようにするために、大きい事柄は家族共用のカレンダーへ記載しますが、もっと細かな事柄も出てきます。それらは、一事項一枚として付箋に書いて、書斎の机周りに貼ることにし、その仕事が済めば、付箋をはいでゴミ箱にポイ！ この時の快感は忘れがたいです。この習慣は、今も続けています。緊急度や仕事内容で、付箋の色を変えるなど、遊び要素があり、楽しく続けています。はかどらない時は、付箋の数が多くなり、落ち込むこともありますが、気を取り直して、付箋剥がしに挑戦します。

このように、するべき事項を書き出して〈見える化〉してみると、仕事の段取りの見通しをつけることができますし、アイデアが湧いてくることもあり、ただ漠然と忙しさのストレスを抱え込むことに比べると、精神的に楽だったと思っています。大きいプロジェクトを抱えている時は、大きい紙に書いた項目ごとに、メモしたり付箋を貼り付けたりすると、構造的に把握できます。すべてを一枚一枚の付箋に分解するよりは、グループ化する方が、仕事の進捗の手助けになりやすい場合などがあり、仕事に合わせた使い分けを工夫するのも楽しいものです。

③核家族（夫婦と中高生の子ども）期——その一

二人三脚ならぬ三人四脚で家事・育児をこなしていた我が家ですが、長女が中学生、次女が小学生の時に、既に高齢であった母が難病に倒れ、３年間の闘病生活の末に、帰らぬ人となりました。その頃、私は片道一時間40分かけて通勤し、帰宅時間もコントロールしにくい職場環境にありました。衣食住の生活の内、衣生活・住生活は早めに準備しておくなどまとめて対応できますが、食生活だけは、毎日３回の食事への対応は、一番手が抜けません。家族の健康の基本を支える営みであり、特に子どもが成長期であることを考えると疎かにできない営みです。闘病中であっても母が在宅の時は、前もって食事の準備をしておけば、娘たちに母が指示し、生活が回っていましたが、母の再入院・逝去により、それができなくなりました。差し当たりの課題は、私が不在の時、決まった時刻に子どもたちに食事をさせ、生活リズムを崩さない体制を作ることでした。

予め準備する食事の保存性を配慮すると冷蔵庫で冷やすことになり、特に寒い時期は適切に温める必要があります。当初は、出かける前に、メモに逐一温め方などを書いていましたが、毎日となると面倒になり、メモは最小限にとどめ、作業の指示をカード方式にしました。例えば「電子レンジで２分」「トースターで３分」「ガスの弱火で温めて」など、数種類のカードを準備しておき、その日の献立に応じて組み合わせてカードを示すことにしました。

実は、今もその時の片鱗が残っていて「洗濯物を取り入れてください」というカードなどは活躍しています。また、当然のことながら、指示カードの内容もグレードアップしたり、カード無しでも対処できるようになったりと、徐々に家族の家事能力の育成の成果が見えるようになっていきました。

④核家族（夫婦と大学生・社会人の子ども）期――その二

中高生の頃は、登下校の時間がほぼ一定で行動パターンを把握しやすかった娘たちですが、このステージになると、家族各人の行動パターンが多様になります。我々夫婦も、勤務が一層多忙になり、予定通りの生活時間を確保できない状態になってきます。そこで、書き込み部分が広い大型のカレンダーに各自の予定を書き込むことで家族の行動を把握し、早く帰宅できる者が、食事の準備などを分担することで、切り抜けました。

我が家では、主な食材は、1週間単位で注文し宅配で購入していたので、届く食材に合わせて1週間分の3食（弁当持参）の献立を作ります。できるだけ休日を利用して事前に作り置きしたり、常備菜を活用したりしながら、毎回の食事作りの負担を軽くする工夫はしていました。大学ノート見開き2頁に1週間分の献立（資料2）を書いておき、それを見れば予定された食卓を整え易いようにしていました。ここでも、何をするべきかを〈見える化〉しておいて、ノートを見た家族が、必要な家事を引き継げるように工夫をしていました。

一人で一連の家事を完結できない場合は、上手にバトンタッチするルールを作ると、家族が協力しやすくなります。家族の力を活かす流れを作っておかなければ、協力しようとしても、何をすればよいかがわからず、結局、お腹を空かせて、親の

資料２：１週間分の献立の例

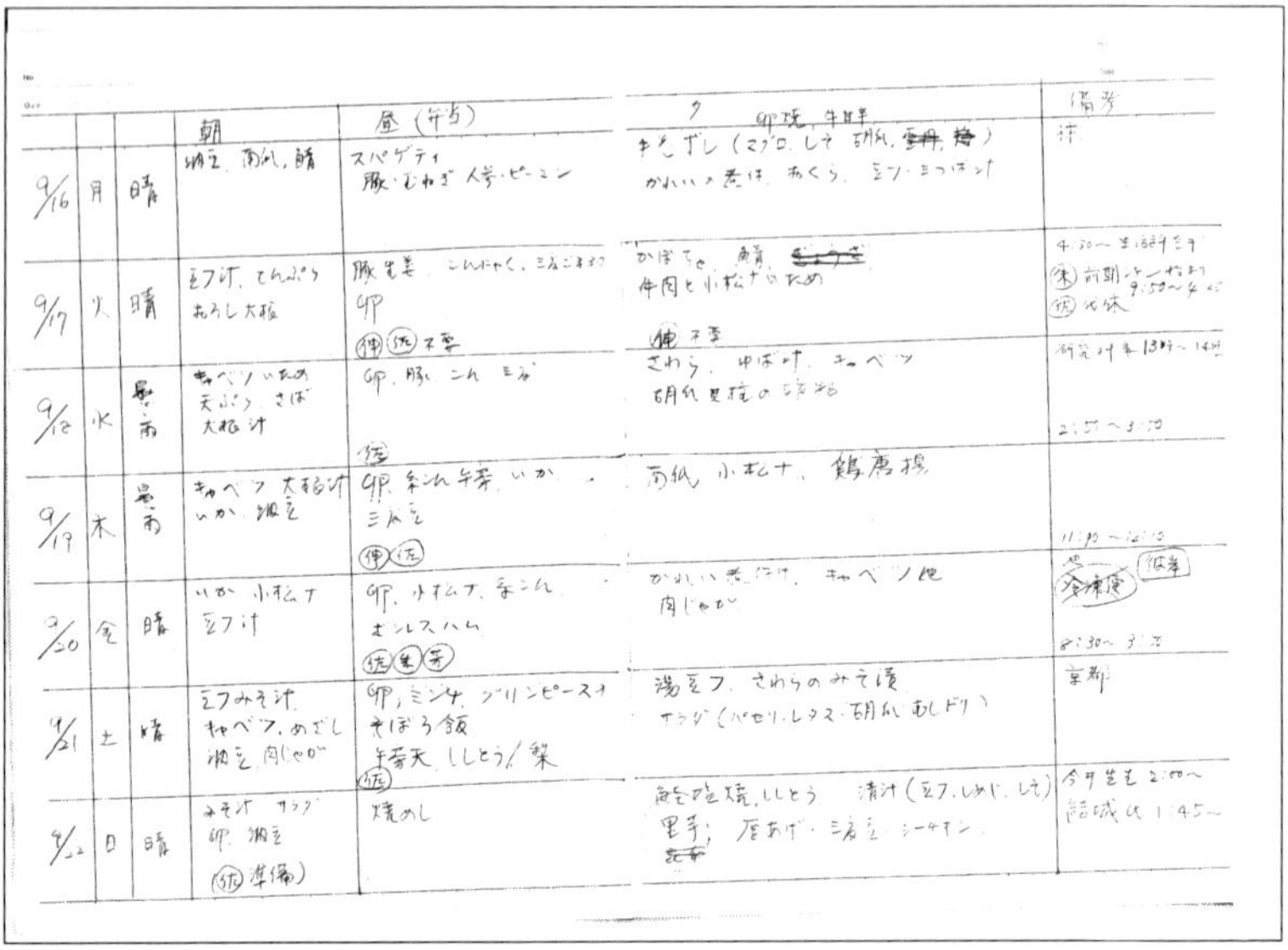

			朝	昼（弁当）	夕	備考
9/16	月	晴	納豆、海苔、鯖	スパゲティ 豚・玉ねぎ・人参・ピーマン	卵焼、牛丼 キムチ（マグロ、しそ、胡瓜） かれいの煮付、おくら、ミソ・ミつぱ汁	
9/17	火	晴	豆フ汁、てんぷら おろし大根	豚生姜、こんにゃく、三色ごま和え 卵	かぼちゃ、鯖 牛肉と小松菜いため	4:30〜
9/18	水	曇・雨	キャベツいため 天ぷら、さば 大根汁	卵、豚、これ	さわら、ゆば汁、キャベツ 胡瓜	2:50〜3:30
9/19	木	曇・雨	キャベツ 大根汁 いか、納豆	卵、キ 牛蒡、いか	海苔、小松菜、鶏唐揚	11:30〜
9/20	金	晴	いか 小松菜 豆フ汁	卵、小松菜 ボンレスハム	かれい煮付、キャベツ 肉じゃが	8:30〜
9/21	土	晴	豆フみそ汁 キャベツ、めざし 納豆、肉じゃが	卵、ミンチ、グリンピース そぼろ飯 牛蒡天、ししとう／梨	湯豆フ、さわらのみそ漬 サラダ（パセリ、レタス、胡瓜、むしドリ）	京都
9/22	日	晴	みそ汁 サラダ 卵、納豆	焼めし	鮭塩焼、ししとう 清汁（豆フ、しめじ、しそ） 里芋、厚あげ・シーチキン	1:45〜

帰りを待っていたり、折角準備してある食事をそのままに、ラーメンで凌いだりすることになるのです。

⑤夫婦二人の老年期

娘たちも、徐々に新しい家庭をつくって巣立っていき、我々夫婦も定年退職、再就職などをしながらも、外で活躍する部分が少しずつ減って、今や老人二人での在宅時間が多くなってきています。幸いなことに、それぞれに求められる社会的な活動をこなせる健康状態を二人ともに維持できています。現役時代に比べると、二人で共有する時間は多くなっています。夫々が果たさなければならない仕事のために書斎に籠る時間と、リビングで一緒に過ごす時間の両方を大切にしたいと思っています。忙しさのリズムが、必ずしも二人同じではないので、その調整を図りながら、過ごすことが課題です。

ライフステージを通して重視してきた視点

一言でいえば、私にとって、職業人として安定して活躍するための基本は二つありました。まず一つ目は、〈家族関係の安定〉です。外で心身ともに疲れて帰宅した時、何気ない家族とのやり取りや生活場面であっても、その時間が外での緊張感を意外に解放してくれてリラックスでき、前向きに気持ちを切り替えることができていたと思います。我が家が家族にとってのオアシスとなり、家族の連帯感を実感できる場になることが大切だと思っています。

二つ目は、〈家族全員の健康維持〉です。特に〈食生活〉と〈未病（病気になる前に手を打つ）〉には気を配りました。前者については、後にも述べます。後者は、夫が30代後半で難病の潰瘍性大腸炎を患い、有効であるという治療には手あたり次第トライしましたが、期待する結果が得られず、結果的には、生活リズムを重視した規則正しい生活態度、伝統的な和食中心の食生活やできるだけ疲れを蓄積しないで東洋医学で早めに疲労回復することによって、病を克服することができました。その後、私も更年期を迎え、中高年期になる頃、職場やその他での活動場面が多忙になってきましたので、病気にならないために〈早く疲労を回復して体調を維持すること〉が重要になりました。信頼できる治療師との出会いがあり、東洋医学の治療を中心に〈未病〉を維持することに努めました。また、この時期になると、時間のゆとりを捻出するためと過労を避けるために、タクシーを使うなど、無駄な出費にも目をつむりました。また、当時の私にとっては、通勤中の電車で、座席を確保できる乗車位置を探るなど、体を休めることが大切な問題でした。

もう少し具体的に、どのように過ごしてきたかを述べてみたいと思います。

①家族関係の安定

お互いを理解し合うためには、知り合う（情報を共有する）ことです。どこで何をしているかがわかるように、伝えたり共用カレンダーに予定を書き込んだりして、わかるようにしましたが、予定通りに仕事が進む日ばかりではなく、変更が重なると、健康を心配して小言が出たり雰囲気が悪くなったりすることもありました。その罪滅ぼしに、時には、時間を調整して、夫と共通の趣味である映画を一緒に観るなど楽しい時間を過ごす工夫をしたり、家でちょっとした御馳走を準備して会食したりします。その時は、外での会合などで美味しかった料理をアレンジして家族に紹介したり、我流で工夫したレシピで料理したりしましたが、私にとっては、楽しくリラックスできる一コマにもなりました。準備不足でアレンジに失敗することもありますが、それは愛嬌ということで。また、来客用の上等な食器にちょっと気取って盛り付けて、テーブルコーディネートに凝ってみたりと、娘たちとも一緒に楽しく過ごせる時間でした。私は、自分が作ったお料理を、喜んで一緒に食べてくれる人があれば幸せを感じます。でも、食後の後始末が苦手です。実は最初は、私の手助けのつもりで食器洗い作業を買って出てくれていた夫でしたが、最近は洗い切った後の達成感の虜（？）となってか、〈私作る人・夫洗う人〉の役割分担が自然に定着しています。私が担当した時の、厨房の洗い上がりのスッキリ感は、夫のそれには到底及ばず、夫のプロフェッショナルを感じるほどの高い水準に驚いています。連動して、お風呂洗いも彼の担当になって、毎日の快適なバスタイムを支えてもらっています。結果的に、お互いに、好きな部分で、主体的に自分たちの生活に関わっているという感覚は、家族としての連帯感にも繋がっていると実感しています。

②日常生活の安定的維持管理

特に、勤務が多忙だった頃の一番の不安は、予定通りの時間に帰宅できなかったり、予定外に帰りが遅い日が続いたりした時、いわば〈危機〉への対応をどうするかということでした。その対策の一つは、日用品や食品・調味料などのストックを、日頃から心掛けていたことです。例えばオイルショック時にも、ロールペーパーは、日頃のストックのお陰で、行列に並ぶ必要もなくクリアできました。退職して、時間の自由が利くようになっても、かつての習慣で〈買いだめ〉してしまうことが多々あるのは、反省点になっていますが、災害対策にはなっています。

先に紹介しました一週間単位の献立ノート（資料２）は、家族にとっての強力な手助けになっただけでなく、何よりも私自身の精神安定剤になりました。ノートを見れば、誰かがどうにかしているだろうという安心感です。とはいえ、家族も帰りが遅くなったりする場合があり、食事の準備ができないこともあります。そのような時に活躍したのが、冷凍した常備菜（きんぴら・ひじきの煮物・かんぴょう・煮豆など）やレトルト食品・缶詰（非常食でもあり、ローリングストックを実践していたことになります）などです。現役時代には、総菜を買えるスーパーや手軽に外食できる食堂などが家の近くになく、緊急対応できない環境での防衛策となっていました。手軽に調理でき、栄養的にも優れモノのブロッコリーなどの食材をよく利用しました。また、シンプルな調理でも美味しく食べられるように、私が重視したことは、〈素材の質〉です。健康的な食品は、シンプルな味付けでも美味しいのです。本物の味を味わえ、安心できる食材選びにはこだわりました。長女を出産した50年前には、無農薬野菜や発色剤・着色剤・ホルモン剤不使用の肉などの入手がまだ難しく、安全野菜の市場維持のため、虫で穴の開いた青菜を買い、支えていこうと経済性を無視して購入していたこともありました。しかし徐々に、安全な食品市場も安定してきて、近ごろは、品数も多くなり、求めやすくなってきました。これらの食材は、事前予約で宅配する業者が出て来たので、利用することができ、日常的な安全な食材を買い物に行かなくても入手できたことは、一番の助けとなりました。

改めて振り返ってみますと、安心できるが高価な食材を使っていたために、食材の端から端までを丁寧に〈使い尽くす〉ことを心掛けるようになっていました。例えば、大根の葉は、チリメンジャコと炒めて軽くお醤油で味付けしサイドメニューとして人気の定番でした。拍子木に切った大根と塩もみして一晩おけば浅漬けに、野菜のかき揚げやみそ汁の彩にしたり、糠漬けにしたりと大活躍しています。ニンジンの葉の天ぷらは香りを楽しめます。キャベツの芯・ブロッコリーの軸や大根の皮も食材として大活躍です。新鮮な間に使い切れば、美味しく食べることができ、生ごみの量も少なく、食品ロス削減に貢献できます。安価な食材を買っても、無駄な使い方をすれば、割高でロスの多い暮らしになってしまいます。何よりも、色々工夫しながら取り組む楽しさは、ストレス解消策になります。

また、緊急対応策として、家族それぞれが〈十八番料理〉を持ちました。夫は〈おでん〉や〈カレー〉を極め、彼の味を超えることは難しいですし、おでんは保温調理で省エネ対応の工夫に励んでいました。娘たちのパスタやおかずサラダ、スープ類も楽しみな美味しさでした。食事の準備の見通しがつきにくい時は、前もって十八番料理をリクエストし、切り抜けることができました。

③子の養育

二人の娘に対して、我々親との暮らしを通して、生活者としての根っ子を育てておきたいということを強く思っていました。

生活に対する価値観は共有したい思いが強かったので、我が家の暮らし方のポリシーについては、日常的に話題にするように努めました。例えば、赤く美しいウインナーソーセージでなく、ワザワザ遠くまで買いに行く色の淡いウインナーソーセージが幼稚園のお弁当に入っている理由など、発達に合わせて話題にしてきました。現在、親となった娘たちは家庭作りや、子育ての中で〈生活の質〉については関心をもっていますし、今は、ラインで情報交換することもあり、新しい情報を教えてもらうことも多々あります。

子育てをする中で、娘たちには、理屈を理解するだけでなく、自分の生活の場に反映する実践力をもってほしいと願ってきました。丁度、彼女たちが幼稚園・小学生の頃、食器洗い洗剤・衣料用洗剤による健康被害や環境への負荷が問題になっていました。我が家では、洗剤は、スーパーで買うのではなく、物置から出してくるものでした。合成洗剤を使いたくないと考えても、近くで天然油脂系の洗剤を売っている店がなく、製造元の油脂会社からまとめて直接取り寄せていたからです。なぜスーパーで買わないかを彼女たちも徐々に理解していきました。生活の質に関する価値観や関心を、次の世代につないでいく場としての家庭の役割は疎かにできないと考えています。また、状況に合わせて柔軟に、積極的に対応する姿勢も含めて大切だと思います。

さらに、家庭の教育力として、生活の実践力としての生活技能・技術を最低限育てることは、日々の生活への参加で徐々に身につけていったと思います。

大学教員にとって、年末年始はゆっくり休める時期ではないのですが、子どもにとっては、年中行事の多い楽しい〈冬休み〉です。このタイミングは逃せないと、クリスマスディナーとお節料理は楽しみな家庭行事にしていました。洋食の創作料理の楽しさと、お節料理のいわれや和食の伝統の奥深さを楽しく語らいながら一緒に作業してきました。今は、孫たちも年齢に応じて、下作業の分担があり、楽しい行事となっています。我国の生活文化を伝承する場であると同時に、和食の本物の味を、しっかりと舌で覚える機会になりました。

④生活の器としての住居

子どもの幼少期は、母子の距離感が近いほど良いように思いますが、子どもが思春期を迎える頃になると、一定の距離が必要になります。丁度娘たちが中高生になった時点で、夫の実家に転居して二世帯住宅を新築することになりました。蔵書の収納場所が手狭になり書庫を確保することが、一番の理由でしたが、家族ステージ

押印用テーブルの下は、大型ポスト。室内から大量の冊子等を受け取れる。外線・内線・インターフォン対応の電話機で各室間の連絡。

玄関横小窓のルーバーの間から荷物受け取り。大型荷物を置く床几。大型封筒を投入できる大きい口のポスト。

の変化に対応した住まいを考えるチャンスになり、そこで重要になったポイントがいくつかあります。

夫の書斎は独立性を持たせるために、客間と夫婦の寝室・納戸などと共に三階に、キッチン・ダイニングリビング・浴室・洗面所など生活の中枢部分がある二階には、私の書斎と娘二人の個室を配置しました。書庫と義姉の生活スペースは一階です。

床面積に余裕が取れたので、家族全員の個室と、独立した接客空間を確保しました。娘二人の個室は独立性を確保すると同時に、それぞれの部屋にはリビングを通って入ることと、私の書斎もリビングに接する位置に置きました。家族関係を深めていくためのリビングの役割に注目したことと、書斎に居ても、何気なく家族の様子が伝わるようにとの配慮です。

また、独立した接客空間の確保は、一見、無駄に見えますが、留守中に夫の来客がある時など、事前に茶菓の準備をしておけば、生活空間の乱れを気にしないで接待できる安心感がありました。宿泊客への対応でも助かっています。

生活中枢が二階であること、夫の書斎と書庫とが三階と一階とに離れていること、加えて将来の高齢期に備えて、少し贅沢ながらホームエレベーターを設置しました。現在、高齢期を迎えてみて、フロアー間移動の負担が無く、正解だったと思います。

⑤家庭科教育の実践の場・実験の場

私にとって、自分の家庭生活は、家政学・家庭科教育学・消費者教育学を専攻する立場からの大切なフィールドでもあります。生活場面での娘たちの反応は、家庭科の学習内容が実生活において、どのように定着・応用活用されていくかや、それが叶わない理由を考える契機を与えてくれました。

また、家事作業の軽減や生活技能の未熟さを補うために開発され販売されている家庭用品などを実際に試してみる商品テストの場（我が家で一番積極的に取り組んだのは、好奇心旺盛で家事労働の負担軽減の工夫に熱心な夫でした）にもなりました。実際に使ってみると期待外れのものが多かったことや、どれかを選択して購入するより、比較テストをしたいという関心の方が強いため、実験的にさまざまな商品を買い無駄な出費が生じる反省点もありました。このような出費は、ある程度は自分のための研究費だと割り切っていたように思いますが、こうした経験が、我が家にとって本当に必要なものを求める場面での選択眼を養い、活かされた面はあったと思います。

⑥忙しさへの対応

大学教員として、教育・研究に携わりながら家族との生活を営んでいくという、いわば安定した生活だけでなく、3つ目の流れを受け入れたために〈超多忙〉な状況に対応しなければならない場合があります。私の職業人生を振り返って見て、いくつかの山場がありました。

長年にわたり、私たち家族の一員として支えてくれた母の闘病の最後には、母の病室から出勤する生活を1か月半過ごしました。フルタイムの家政婦さんを頼んでおいて、私が勤務から病室に帰った時点で彼女と交代します。私は、夜は病室の介護ベッドで休み、次の朝は家政婦さんと交代して出勤するという暮らしです。母への一番のお礼は、娘である私が、少しでも長く側に付き添うことだという結論を家族で出しました。肉体的にかなり厳しいものがありましたが、夫と娘たちとが、いわば〈父子家庭〉の態勢で頑張り、支えてくれたから可能になったことでした。

ご縁があって、学習指導要領作成や評価規準研究など、一連の文部科学省の協力者として上京する機会が多くなったり、各地での講演や現場教員への指導助言の機会が多くなったり、附属中学校の校長への併任など、多忙を極める時期がありました。とにかく忙しくて、時間の余裕がないのですが、私がカリカリと苛立ったり焦ったりすると、かえってうまくいかないのです。

そこで、頭を打ちながら辿り着いた心境は〈白鳥が優雅に泳ぐ姿〉のイメージです。水鳥は、水面の上を滑るように移動しますが、実は水中では、足を気ぜわしく必死になって動かして、一生懸命に水を掻いて移動しているのです。随分厚かましく僭越ですが、理想のレベルは高い方が良いと思い、〈白鳥〉に例えることにしました。〈ゆったり〉しているように見せながら、心の中では次の段取りを考えているわけですが、結果的には良かったと思います。

おわりに

私たちの家族がスタートしてからの53年を振り返った事々を、書き終えてみて、実は大きな違和感を覚えています。それは、ここには到底書ききれないほどの失敗や反省が述べられていないからです。前述の一見成功したように見える事例も、そこに至るまでには多くの失敗があって、それを乗り越える工夫の末にたどり着いた結果なのです。一発で成功など望めるものではありません。家族と自分との幸せを常に願って、ひたむきに日々の暮らしに取り組む気持ちを持ち続けることがなによりも大事だと思います。もっとも、失敗しても、上手くいかないのが当たり前と、楽天的に捉えることです。

かつて、学生時代に子育て真っただ中の恩師から伺った言葉が、苦しい時の支えになりました。――「仕事と家庭のどちらかだけで百点を取るのは難しいけど、努力すれば、両方でも六十点ずつなら可能です。二つを足せば百二十点になるので、頑張っているのです。」と。

大本による解説

先生との出会い

学生時代に家庭科教育の先生として出会った。当時、家庭科教育と家族関係学に関心があったのでどちらのゼミに所属するか迷った末、家庭経営・家族研究室に所属したことから、直接学生時代に指導を受けることはなかった。卒業後、先生が京都の大学に異動され、不思議なご縁で再会した。その後、研究生としてご指導いただくことになり、私が学会発表など本格的に研究活動を始めるきっかけをいただいた。

先生から学んだこと

・東京でのお仕事も多く超ご多忙でいらっしゃった時期は、移動の時間を睡眠時間にあてるために、ゆったり静かに過ごせるグリーン車を利用されていた。時間とお金の使い方に気づきを得た。附属校の校長職を兼任されていた時も大学近くに部屋を借りる等、時間と体力の節約を工夫されていた。

・月に一度はご夫婦で映画鑑賞をされるなど、ご夫婦ともご多忙な生活の中で共有時間をしっかりと確保しておられる。限られた時間をどのように配分するか、教えられることが多い。

・1980年代に建てられたご自宅には、当時珍しかったホームエレベータが設置されている。時代の先端を行く発想をお持ちである。

第三章 "知性"につながる家政学の学び

鈴木真由子先生

鈴木真由子先生は、大本の大学の同僚です。ご専門は、生活経営学、家庭科教育学、消費者教育学です。お金や時間の管理のプロフェッショナル。

本章では、研究者・教育者・生活者の立場から、生活というフィールドで、知を統合させることができる「家政学」の魅力を語っていただきました。

はじめに

これまで、著者は家庭科の教員養成に長くかかわってきました。家庭科の教員免許取得に必要な学びは、そのまま自分の生活実践を支える「知識」となります。この事実を自覚した瞬間、「経験的な知恵」にとどまっていた実践が、生活にかかわる"科学"としての意味を持つ客観的・普遍的な事象に変容します。

例えば、食生活における調理の場面で考えてみましょう。「さしすせそ（砂糖、塩、酢、醤油、味噌）」で表現していた調味料を入れる順序は、先人の「経験的な知恵」として次代へと伝えられてきたことの1つです。そこに浸透圧など"科学"としての意味が加わることで、客観的な「知識」となります。また、その根拠や理由を認識することができれば、新たな問題と出会った時に応用できるでしょう。

「家政学」は、生活というフィールドで知を統合させることができる学問です。その醍醐味は、研究者として表現したり、教育者として授業の中で学生の変容を確認したりすることで、味わうことができます。経験の中から「知恵」が生まれ、「知識」

を獲得することで意義が付加され、その価値を生活の中で実践するところに「知性」が生まれるのではないでしょうか。

「家政学」には生活に対する自分自身の解を見つける力があるのです。以下、著者自身の生活実践と「家政学」とのかかわりを整理しながら、その理由について述べたいと思います。

家政学との出会い

著者が「家政学原論」と出会ったのは、大学1年生の後期でした。教育学部の小学校教員養成課程（家庭科専攻）で学んでおり、この授業は卒業要件かつ中学校家庭科の教員免許取得に必要な半期必修1単位50分の講義（担当：村尾勇之先生）でした。高校の友人が東京家政大学に進学していたこともあり、「家政学部」の存在は認識しておりましたが、学問としての「家政学」については、ほぼ白紙状態でした。

講義内容はかなり大きなインパクトがあり、この授業が私にとってのパラダイム転換になりました。

まず、実技教科である家庭科（そもそもこの発想から既にバイアスが入っていました！　家政学原論を学ぶ中で、バイアスに気づくことになります）の背景に「家政学」という学問が存在していることを知ることから始まりました。後述するように、著者にとってのものづくりは日常生活の中にありましたし、乳幼児とかかわることも好きでした。その楽しさや面白さを、スキルとともに伝えることが、著者の漠然とした家庭科教員のイメージであったといっても過言ではありません。

しかし、講義で「家政学」の定義や目的、方法、知識体系、研究対象などについて学び、「家政学者」が「家政学」を日々研究していること、その研究成果の蓄積が教育学と融合された結果として「家庭科」が展開されていることを理解すると、自分の足元が固められていくような感覚がありました。このような形でアイデンティティを自覚できたことが、著者にとって、家庭科を専攻する上でのプライドにつながったとも言えます。

生活実践は中学生から

少し時間を遡りますが、中学1年生の夏に父が他界しました。それまで専業主婦としての生活キャリアが長く、数年のパートタイマー勤務しか経験したことがなかった母が、突然主たる生計担当者となったわけです。その結果、必然的に著者の家事分担比率が高まり、主体的に生活実践せざるを得ない状況となりました。

もともと生活にかかわる事は好きでしたし、子どもが関心を持って挑戦することに対して、さほど制約しない、むしろ奨励する両親のもとで育ちました。当時の親世代は、少なからずそのように子育てをしていたのではないでしょうか。幼少期、母が衣生活にかかわるものづくり（裁縫や編み物等）に励む姿を日常的に目にしていました。傍らで著者も、母にもらった端切れで人形の服を縫ったり、フェルトで小物を作ったり、毛糸でマフラーやベストを編んだりするなど、ものづくりが好きで楽しんでいました。

加えて、「自分のことは自分でする」という方針の下、日々の掃除や片付け、洗濯物の管理は各自の役割として与えられていました。また、果物の皮をむくなど、就学前から包丁を使う機会が少なくなかったと記憶しています。運動会や遠足といった学校行事でお弁当が必要な時は、おむすび作りとおかずをお弁当箱に詰める役目を著者が担っていました。休日の午後には、餃子やお好み焼きなど、家族総出で調理にあたり、出来栄えを競うこともありました。

そうした生活経験が下支えとなり、中学生になってからの本格的な家事デビューは、それほど無理なく実現できました。幼少期から少しずつ家族とともに生活にかかわってきたこと、あるタイミングでそれを役割として担ってきたことが奏功し、クオリティを問われなければ、それなりに家事が分担できたわけです。

キャリアデザインに対する意識

地方公務員だった父が亡くなった折、年金や貯蓄、保険などによって当面の生活に経済的な不安はありませんでした。しかし、長期的には母が主たる生計者として家計を支える仕事に就く必要があります。フルタイムで就職した経験がなく、職務にかかわる資格や免許を持たない母にとっては、大きな壁だったと思います。

換言すれば、「自分で自分を養うだけの経済力を身につけること」の重要性や意味を、中学1年生にして悟ることとなりました。

著者の家庭環境をご存知だったのか、中学を卒業する間際に校長先生が声をかけてくれました。「あなたは将来、何になりたいの?」。この問いに対して、著者は「人生は、いつ何が起こるかわからない。将来、何があっても長く続けられる仕事に就きたい。学校の先生とか……」と答えました。校長先生は、「日本社会はまだ、女性が働き続けることは難しいけれど、これから少しずつ変わっていくはず。公務員には、そのための制度もある。教師はとてもいい選択だと思う」とおっしゃいました。

校長先生との短いやり取りは、高校の進路相談より強烈に私の記憶に残っています。彼の言葉は女性がフルタイムで働くことを勇気づけるものでした。

このときの経験に基づいて、『働く能力のあるすべての人は、それを労働力として提供することで収入を得る。学校は、そのための知識や技能を身に付ける場所として機能すべきである。』が、著者の持論となりました。

効率重視の高校生時代

高校生になると、家事を効率重視にシフトしていきました。部活動で帰宅が遅くなるので、どうすれば「楽に」「手早く」「簡単に」家事を終えることができるかが、自分の中の「解決すべき課題」でした。その切実さから、複数の作業を並行して行ったり、時間を逆算して段取りを考えたりする癖がつき、結果的に要領の良い"手抜き"を覚えていきました。

家事を効率的に実践するためには、「いつ」「誰が」「何を」「どのように」担当するのかが重要となります。家庭の中にある資源は有限です。優先順位を間違えると、期待した結果は得られません。特定の誰かに大きな負担がかかったり、クオリティが低下して不平・不満につながったりします。したがって、家族のメンバーがそれぞれの資源を効率的に使い、全体のクオリティや満足度を高くするための作戦を考える必要がありました。

そのころには、母にも「好きな家事／得意な家事」と「嫌いな家事／苦手な家事」があることがわかってきましたし、3歳年下の妹にどのような役割を担ってもらうのかもポイントです。「いつ」「誰が」「何を」「どのように」担当するのか、限りある資源をどのように使うのか、あれこれ試行錯誤を繰り返す中で、合理的な解決方法が少しずつ見えてきた気がします。

食生活を例に挙げてみましょう。食材の組み合わせやメニューのローテーションを考えるのは、パズルを解くようで面白いけれど毎日継続するとなると大変です。朝、冷蔵庫の中をチェックして、母と夕飯の献立を相談し、高校からの帰宅途中に足りない食材を買い足します。基本的には自分でお弁当を作っていましたので、翌日のお弁当の献立も同時にイメージしなければなりません。当時はまだ発展途上にあった加工食品（レトルトパック、冷凍食品、保存食など）や出来合いのお惣菜にも、ずいぶんお世話になりました。ある程度普及し始めていた家電製品、中でも電子レンジは大活躍でした。

改めて振り返ると、効率重視の生活実践は「時間」という生活資源を有効に使う手立てとしては合理的だったと思います。しかしながら、ひとたび手順や方法に慣れてしまうと、ルーティンワークとしての性格が全面に出てきて、創造性は二の次になっていきました。時として、義務的な色合いが強化された「作業」になっていたのかもしれません。

一人暮らしの生活実践

大学入学後は、初めての一人暮らしが始まりました。高校生までの経験を踏まえて、夏休みまでの期間限定ではありましたが、著者は2つの目標を立てました。1つは、家計簿をつけること。もう1つは、自炊することです。しかも、夕飯に同じメニューは作らない、という条件付きです。自炊仲間を作ってお互いに招待しあったり、新聞をスクラップして、オリジナルのレシピノートを作ったり、大変でしたが、楽しかったと記憶しています。

およそ3か月、なんとかやりきったことで、かなり生活実践に自信が持てました。自分が1か月いくらあれば生活できるのか、コストパフォーマンスが高い食材は何かなど、色々な発見もありました。やり終えた結果、何があってもなんとかなる、生きていける……そんな漠然とした自信が芽生えた気がします。

著者にとっての生活実践は、生きることそのものであり、やって当たり前、できて当たり前という感覚でした。ただし、あくまでもそれは「経験から得られた知恵」にとどまっていました。

ここに「家政学原論」の学びが結びつきました。衣食住にかかわる生活事象を"科学"として捉えることはもちろんのこと、理想的かつ完璧な理論だけで生活を論じることはできません。有限な生活資源をつまびらかに把握し、それらをどのように分配するのかが鍵となります。時間、金銭、情報、スキル、仲間など、自分がどのような生活資源をどのぐらい使うことができるのか、何がどの程度不足しているのか、誰と協働することが合理的なのか……といったマネジメントの視点が不可欠です。

高校生までの生活実践の中で考えてきた「家事遂行作戦」は、このことだった！と納得したのを思い出します。生活実践の経験に後付けされた理論は、抽象的な概念の羅列ではなく、生活を対象化して客観的に問い直す重要な契機となりました。加えて、家族とともに暮らすことが、家事を「孤独な作業」ではなく、「創造性のある文化の伝承」へと昇華させる大きな要因になっていたことも再認識できました。

時には、「家政学原論」に対して、「簡単なことをあえて難しい専門用語で表現しているのではないか」「議論のための議論になっていないか」「概念の解釈なんて人それぞれでかまわないのではないか」などといった疑問を感じたこともありました。恩師に叱られそうですが、"生命の再生産理論"などはその典型的な一例です。大学1年生の著者にとっては、真の意味で理解できていたとは言い難かったと思います。

しかし、「そうそう、私が言いたかったのはそういうこと！」など、共感できることが増えてくると、新しい専門用語や概念を既知の表現で置き換える作業が面白くなりました。そこには確かに「生活を対象にした学問（研究）」としての「家政学」があり、哲学的な思考がある。自分が大学で学ぶことの意義を、発見したような気持ちでした。

ジェンダーについて考える契機

著者は、二人姉妹の長女として生まれ、親の扶養や姓を残すことへのプレッシャーを感じながら育ちました。時代はまさに『高度経済成長期』の真っ只中。政策としての性役割が強化されていた時期です。

当時、周囲の大人たちから言われていたことの中に、理屈抜きで納得できない言葉がありました。「男の子だったら……のに」です。この「……」には、「よかった」「将来に期待できた」「多様な可能性があった」「社会で活躍できたかもしれなかった」

などが入ります。「女の子で残念」や「せっかく〇〇なのにもったいない」とも言われていました。特に、父は「男の子が欲しかった」から「男の子の名前しか考えていなかった」と間接的に聞かされていたため、「女の子である私は必要とされているのか？」「女の子は男の子よりも価値が低いのか？」「子どもとして愛情を注ぐ対象にならないのか？」など、真剣に悩んだことを思い出します。

日本社会全体も、今よりはるかにジェンダー規範意識が強く、慣例や常識としてのバイアスがあらゆる場面に残っていた時代です。女性の生き方のモデルは、「短大卒業後事務職に就き、結婚を機に退職して子育てに専念し、子どもに手がかからなくなったらパートタイマーとして家計を助け、老親を看取る」のが当たり前でした。長男と結婚すれば夫の両親との同居が前提でしたので、理想の結婚を「家付き、カー付き、ババア抜き」（持ち家があり、自家用車を所有し、夫の両親とは別居）などと揶揄する表現もありました。

キャリアデザインの項でも述べたように、「自分で自分を養うだけの経済力を身につけること」がどれほど重要なのか、経験的に理解していましたので、「家庭科」が女性のみを対象にしていることへの違和感は、「家政学」に対する世間的な評価（女性が学ぶもの・良妻賢母教育の名残）も加わって、大きくなっていきました。

大学院教育学研究科へ進学後、ジェンダー論と出会いました。ジェンダーバイアスに対する違和感や憤り、疑問はあったものの、正面から堂々と反論するだけの理論的な背景を持っていなかった著者にとって、ジェンダー論との出会いは、まさしく"渡りに船"でした。この当時、女性差別撤廃条約に批准するなど、国際的な潮流の中で「家庭科」「家政学」も大きな転換期を迎えていました。

男女必履修の家庭科

著者自身は、家庭科は男女別履修の世代です。中学校では男子が技術科、女子が家庭科を履修し、高校では女子のみ家庭科必修（男子はその時間、保健体育を履修）でした。大学院修了時には、前述の条約の影響で性別によって異なるカリキュラムが見直されました。高校までの男女必履修の家庭科が実現することになり、ワクワクしたのを覚えています。

家庭科は、生涯にわたって実践し続ける教科です。我々は、日々「衣食住」生活を続け、人とかかわり、社会とかかわり、生活資源を利活用して暮らしています。それは性によって既定されるわけではありません。そうであれば、すべての人が「家庭科」を学ぶ権利があり、自らの可能性を追究できるはずです。女性だからという理由で、自分で自分を養うことが難しい状況に陥ったり、何かを諦めたりする必要はないのです。

男女必履修の家庭科の誕生は、大仰な言い方をすれば「エポックメイキング」な出来事だったと思います。著者は、大学生として、大学院生として、研究者として、その前後の歴史に立ち会うことができました。「家政学」も同様です。家政学者はその学問としての存在意義を問い続けています。

これからの暮らしに生かす家政学の視点

2020年、コロナ禍の暮らしは、私たちの価値観に多大な影響を与えました。在宅勤務やオンライン会議によって、働くことに対する意識は変わらざるを得ませんでした。通勤する必要がなければ、満員電車や交通渋滞のストレスから解放されます。物価の安い郊外へ転居し、丁寧な暮らしを実現させたい、そう考えた人も少なくないでしょう。

暮らし方を問い直すにあたり、そこに依拠する理論があれば、次のステップが変わるはずです。過去は変えられないけれど、今を変えれば未来は創ることができます。これを機に、改めて自らの暮らしを見つめ、本来望んでいた方向へと軌道修正を図る……家政学は、その道標に相応しいと信じています。

この本に登場する先生たちの足跡

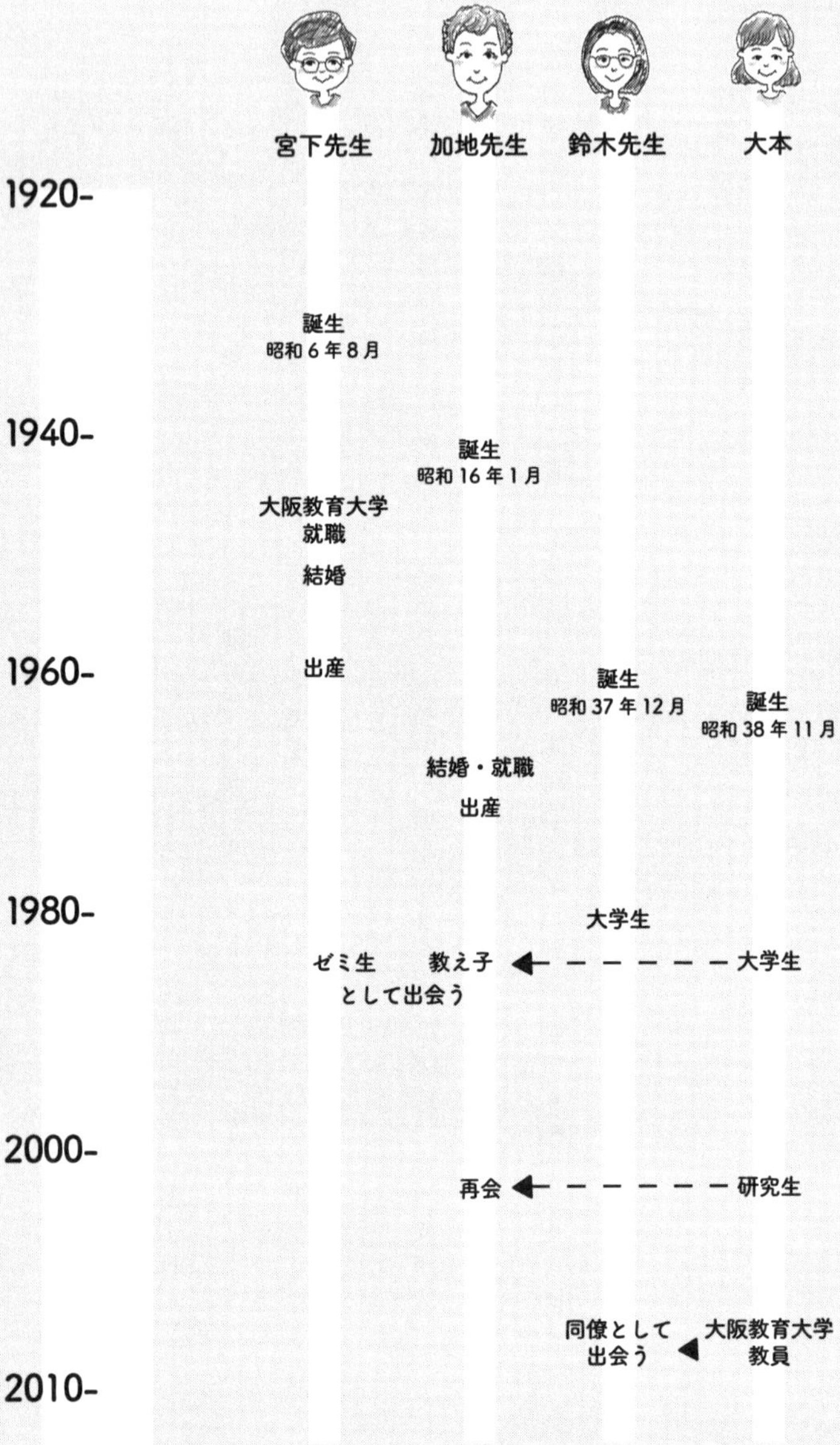

第四章

人と人がつながる「家政学」、その魅力

大本久美子

本章では、大本が家政学とどのように出会い、今日、仕事や家庭生活に家政学がどのように影響しているのかをご紹介したいと思います。家政学と関連する消費者教育と家庭科教育についても触れています。また家政学を学んだ卒業生のエッセイも掲載しました。

家政学との出会い

私が家政学と出会ったのは、宮下美智子先生の「家政学原論」の授業です。授業が難解ということと、テキストの中の図がなぜか印象に残っていました。きっと、その図の意味が理解できなくても、家政学と関わるうえで大事な図であろうということは察知していたのだと思います。この図については、後ほど解説します。

左ページは、私の学生時代のノートです。今手元に残っているのは、なぜかこの「家政学原論」と「調理実習」のノートのみです。

私は大学院修了後、高校の家庭科教育や短大、大学の生活経営学・家族関係学・家庭科教育学授業に関わってきました。また数年ですが、介護福祉士養成のための専門学校で「家政学概論」の講義を担当したこともありました。大学の家政学部がどんどん消滅し、「家政学」は「火星学?」と勘違いする人が出るくらい認知されないキーワードとなりました。しかし、介護福祉士養成の必修科目に「家政学」が位置付けられていたことから、介護福祉士養成課程では「家政学概論」が開講されて

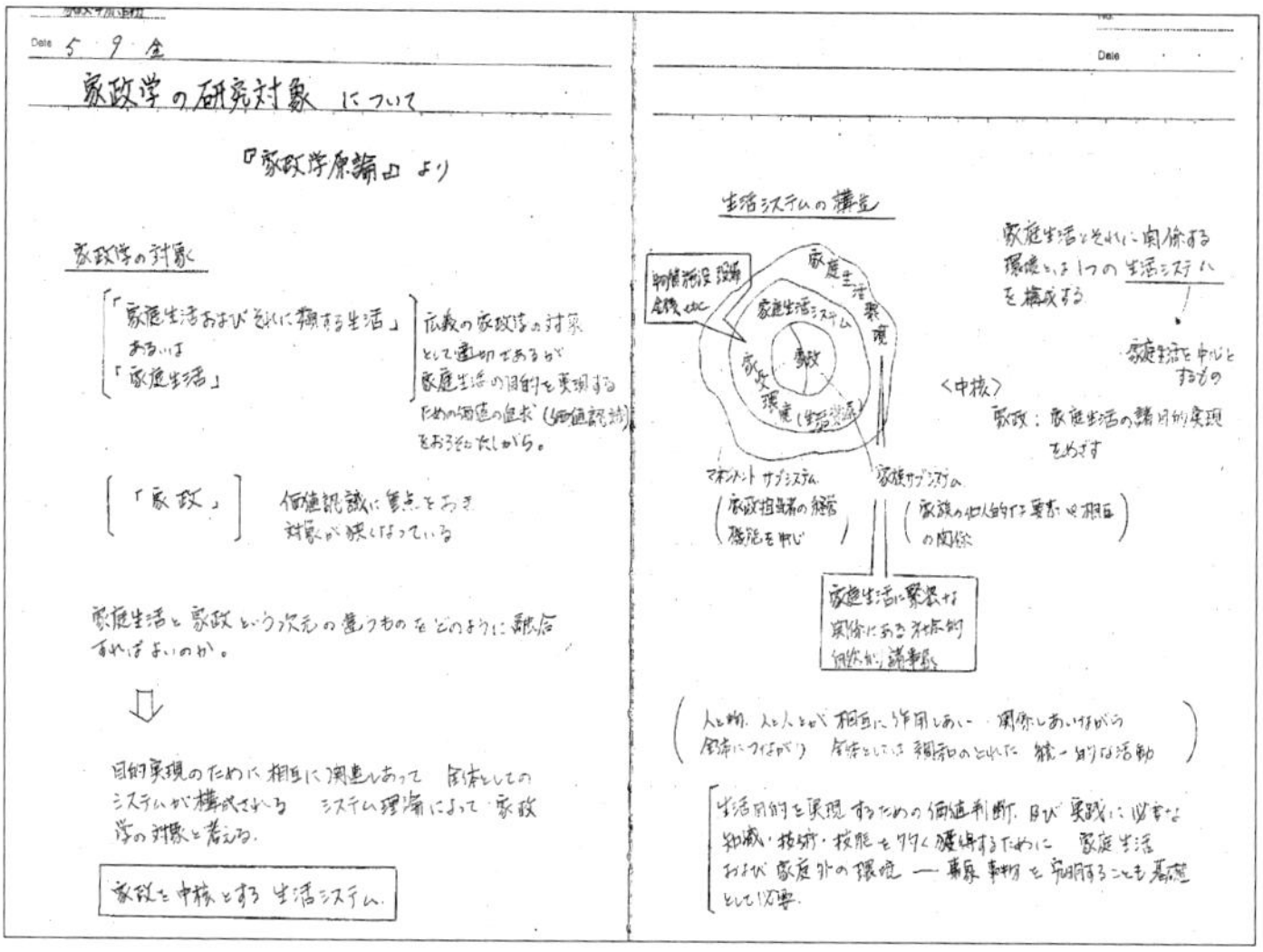

Date 5・9・金

家政学の研究対象 について

『家政学原論』より

家政学の対象

「家庭生活およびそれに関連する生活」
あるいは
「家庭生活」

広義の家政学の対象として適切であるが
家庭生活の目的を実現するための価値の追求（価値認識）をおろそかにしがち。

［「家政」］ 価値認識に重点をおき対象が狭くなっている

家庭生活と家政という次元の違うものをどのように融合すればよいのか。

⇩

目的実現のために相互に関連しあって全体としてのシステムが構成される　システム理論によって家政学の対象と考える。

家政を中核とする生活システム。

生活システムの構造

家庭生活とそれに関係する環境とは1つの生活システムを構成する

家庭生活を中心とするもの

＜中核＞
家政：家庭生活の諸目的実現をめざす

（人と物、人と人とが相互に作用しあい、関係しあいながら全体につながり、全体としては調和のとれた統一的な活動）

生活目的を実現するための価値判断、及び実践に必要な知識・技術・技能を増く獲得するために　家庭生活および家庭外の環境 ― 事象事物を究明することも基礎として必要。

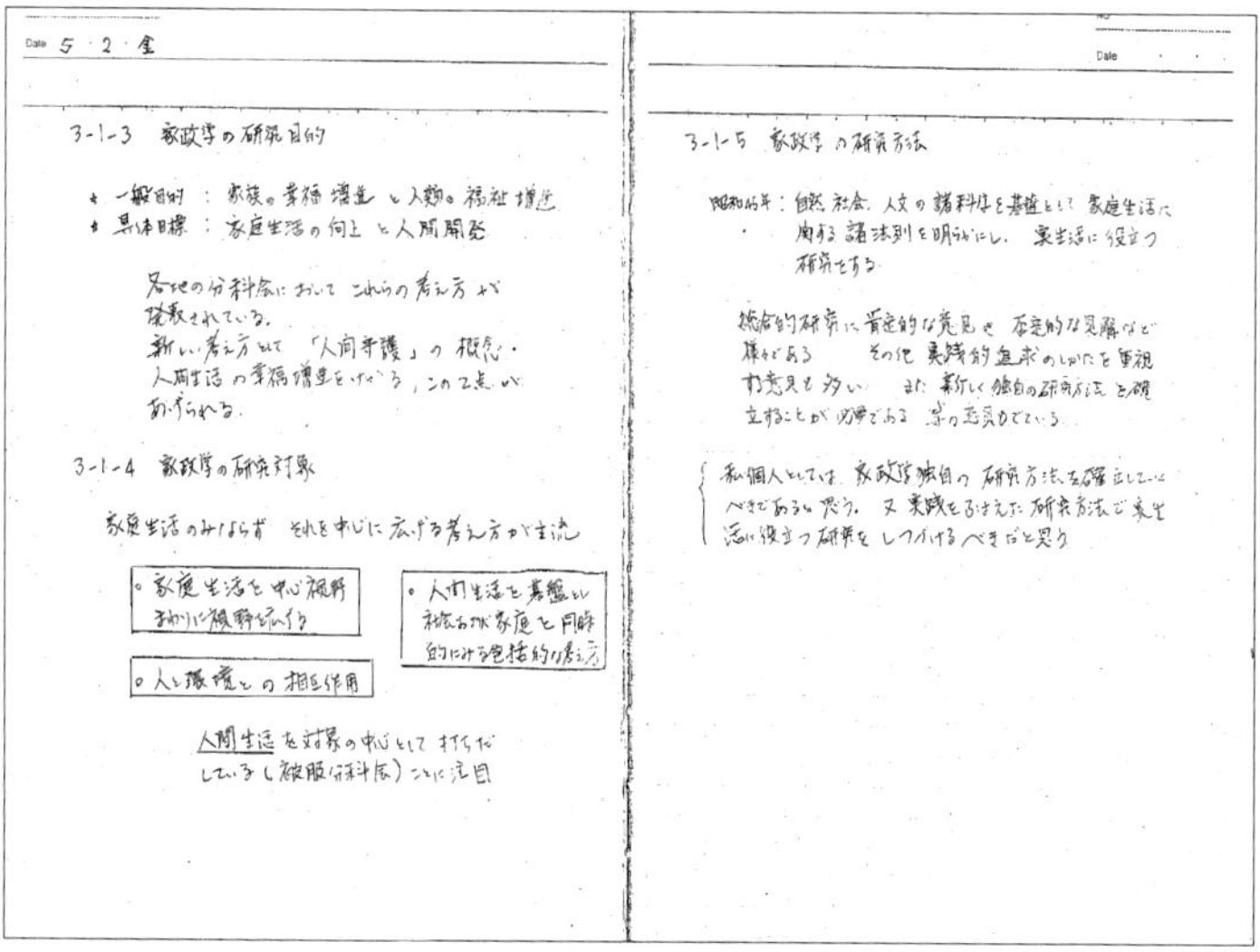

Date 5・2・金

3-1-3　家政学の研究目的

* 一般目的：家族の幸福増進と人類の福祉増進
* 具体目標：家庭生活の向上と人間開発

各地の分科会においてこれらの考え方が提示されている。
新しい考え方として「人間守護」の概念・人間生活の幸福増進をあげる、この2点があげられる。

3-1-4　家政学の研究対象

家庭生活のみならずそれを中心に広げる考え方が主流

- 家庭生活を中心視野まわりに視野を広げる
- 人間生活を基盤とし社会および家庭と同時的にみる包括的な考え方
- 人と環境との相互作用

人間生活を対象の中心としてうち出している（被服分科会）ことに注目

3-1-5　家政学の研究方法

昭和45年：自然、社会、人文の諸科学を基礎として家庭生活に関する諸法則を明らかにし、実生活に役立つ研究をする

総合的研究に肯定的な意見や否定的な見解など様々である　その他実践的追求のしかたを重視する意見も多い　また新しく独自の研究方法を確立することが必要である　などの意見がでている。

私個人としては、家政学独自の研究方法を確立していくべきであると思う。又実践をふまえた研究方法で実生活に役立つ研究をしつづけるべきだと思う

いたのです。保健師を養成する専門学校でも家政学概論授業を担当しました。

人と関わる職業の養成課程で家政学を学ぶことは重要な意味を持ちます。介護福祉士や保健師だけでなく、医師や看護師、教師など「人と関わる職業」を目指すすべての人に、この「家政学」を学んでほしいと願っています。

なぜなら、人の一生、『生老病死』に関わるすべての人が、「人がより良く生きる」ために、何が必要かを学ぶことは、その人(患者だったり、子どもだったり、職業によって対象は異なる)がより良く生きるためにとても重要な意味を持つと考えています。介護職に就こうとしている若者に「家族・家庭生活・衣食住生活・高齢者福祉・消費者問題等」を講義したことで、家政学の本質を理解できたように思います。

その人が何を望んでいるか、それまでの生活歴や家族構成によっても介護の在り方は変わり、介護といっても、人それぞれで、その人のこれまでの生き方や望みを汲み取って接することの大切さを学生さんに伝えていました。

高齢者に限らず、その人の最善解を見つけながらどのように手助けできるのか、家政学の視点をもって関われば、その人の残存能力をうまく引き出せるに違いありません。残された能力を活かし、喪失した部分は周りのサポートを得て、いつまでも自分らしく生活できることを誰もが望んでいると思います。

この「家政学概論」で家政学と生活福祉が結びつきました。今、介護に関っている方々と接する時、当時の専門学校の教え子を思い出します。彼らは転職せずに介護福祉の仕事を継続できているのだろうか？　と。

その後、高等学校の高大連携科目「人間福祉」を数年間担当しました。週3回の授業で1年間、密な時間を共に過ごした生徒さんの中に、母校の教員になった卒業生がいます。当時の「人間福祉」授業をよく覚えていると話してくれました。

家政学と福祉学の融合授業は、当時印象深い授業だったようです。家政学をベースとした「人間福祉」（高3）は、「家庭基礎」（高1）で十分展開できなかった内容を深く掘り下げることができ、私にとっても楽しい授業でした。

ワーク・ライフ・バランス（仕事と生活の調和）が生涯の研究テーマに

この40年を振り返ってみますと、私は高校生のころから自分の人生、いかに生きるかということに人一倍関心があったように思います。大学の卒論や修論も両親の職業観や性別役割分業観、実際の生活実態が子どものそれらにどのように影響するのかというテーマの研究でした。

当時理想の女性の生き方として「中断再就職型ライフコース：子どもができたらいったん仕事を離れ、子育てが一段落したらまた仕事に就く」ことが注目されていましたが、果たしてそうだろうか、と女性のワーク・ライフ・バランスそのものを取り上げ、高校生とその両親へのアンケート調査やヒアリング調査から、その問題点や課題を整理しました。

その結果の一つに、中断再就職型ライフコースは、途中でライフコースの形を変更するため、家族がそのことを自覚していないと様々な問題が生じやすい傾向が明らかになったので、そのことを実生活で意識しながら私自身、仕事と家庭のバランスを調整してきました。

子育てに時間をかけたいと仕事を中断し、専業主婦として子育てをしていた頃、仕事をしている友人がうらやましく、「私このままで大丈夫かな?」と不安を感じながら子どものおけいこごとの送り迎えをしていた時期もありました。

私の子育て期から約30年経っていますが、ワーク・ライフ・バランス、若者の仕事と家庭の両立問題は、当時とあまり変わっていないようです。家庭や子どもを持つ若者が少なくなっていることが、経済的理由や長時間労働による諦め感などによるのであれば、日本社会の大きな損失です。

どのような時代であっても、固定的な性別役割観にとらわれず、自分たちらしく自由でのびやかな思考を発展させて、生活を共に創りあげる力や意欲が大切です。社会もそのことを応援できる制度や法律作りが望まれます。生活者の視点から、実生活に不足しているものをきちんと発信し、社会変革できる人材の育成こそが、家政学の使命です。

家庭生活、家族を取り巻く環境が大きく変容する中で、人生100年時代と言われ、私はまだ折り返し地点を通過したばかり。人生60年時代であれば、そろそろ終活となりますが、残り40年をどのように仕事と家庭と「健康」のバランスを取りながら生活を営むか、これからの新たな課題です。20年、30年先を生きる恩師の先生方の生き方に学びながら、自らの生活実践を「家政学」というフィルターを通して、これからも「いかに生きるか」を追求したいと思います。

消費者教育との出会い・実践

次に私がどのように消費者教育と出会い、現在のライフワークのスタイルとなっているのかを、振り返ってみたいと思います。

子育て中の1999年、第38期消費生活コンサルタントの養成講座を受講しました。受講するきっかけは、消費者教育に関する学びを深めたいということと、関連の資格を取りたいということだったと記憶しています。消費生活アドバイザーか、コンサルタントの資格でも取ってみようか、という軽い気持ちの受講でした。一方で家庭科の教科書の最後に出てくる「消費者の権利と責任」をしっかりと教えられるようになりたいという思いもどこかにありました。

今から約20年前に取得した資格ですが、各分野の専門家から講義を受けられる貴重な機会で、日本消費者教育学会の設立者、今井光映先生の講義もその一つでした。今井先生は、ヒトとヒト、ヒトとモノの相互作用が、自己実現に正しく作用しなくなっている状態を消費者問題と捉え、消費者教育の目的をライフスタイルの形成とその実現に必要な生活環境醸成能力の育成としました。つまり、消費者教育は、生活問題の解決と生活の質の向上を掲げる「家政学」と重なり合っています。消費者教育の意義を「生活の価値を守り、生活の質を向上させるための自立人間能力を開発することにある」と今井氏が、学会設立趣意書に記している通り、消費者教育は、生活の質を向上させる家政学の研究成果を社会に還元する具体的な手段と位置付けることができるのです。

また消費者教育は、「暮らしの中のサービスやモノや情報を自らの価値に照らし、適切に選択、判断し、自らの消費生活にいかすことができる力を育み、生活のあらゆる場面において、主体性を形成する教育」でもあり、家庭科教育との重なりがここにあります。

現在「コンシューマー・リーガルリテラシーを育む消費者市民教育」をテーマに研究を行っていますが、法教育や道徳教育など異分野の学び、出会いがたくさんあります。消費者教育を通じて様々な立場の人、学問背景の違う人と繋がっています。広範囲の学問領域に関わる消費者教育の学びによって、自身の生活が豊かになっていることを実感しています。

これまで実生活と「家政学」との関係をじっくり考えてもみなかったのですが、こうして自らの生活をふりかえってみますと、健康、安全、安心などの生活価値を大事にして、生活の質を向上させる「自立人間能力」が消費者教育を通じて育成された、と家政学の学びに感謝しています。また物事を俯瞰するリテラシーも家政学・消費者教育を通じて身についたと感じます。

未来を見通した消費行動を取らねばならないことや、未知なる世界（社会）の中で自ら歩みを進める必要性なども消費者教育を通じて子どもたちに伝えることができます。

家政学の研究成果を社会に還元できる消費者教育の魅力と可能性をこれからも多

くの人に伝えていきたいと思っています。

家政学の成果を社会に —— 家庭科教育への思い

本書の「はじめに」でも述べた通り、OECDでは、2019年に以下に示す「ラーニング・コンパス」を公表しました。

この図を見た瞬間、私はウェルビーイングを目指す家政学・家庭科の学びと重なり、はっとしました。

自らが学びのコンパス（羅針盤）をもって、自らのルートで個人と社会のウェル

OECDラーニングコンパス2030

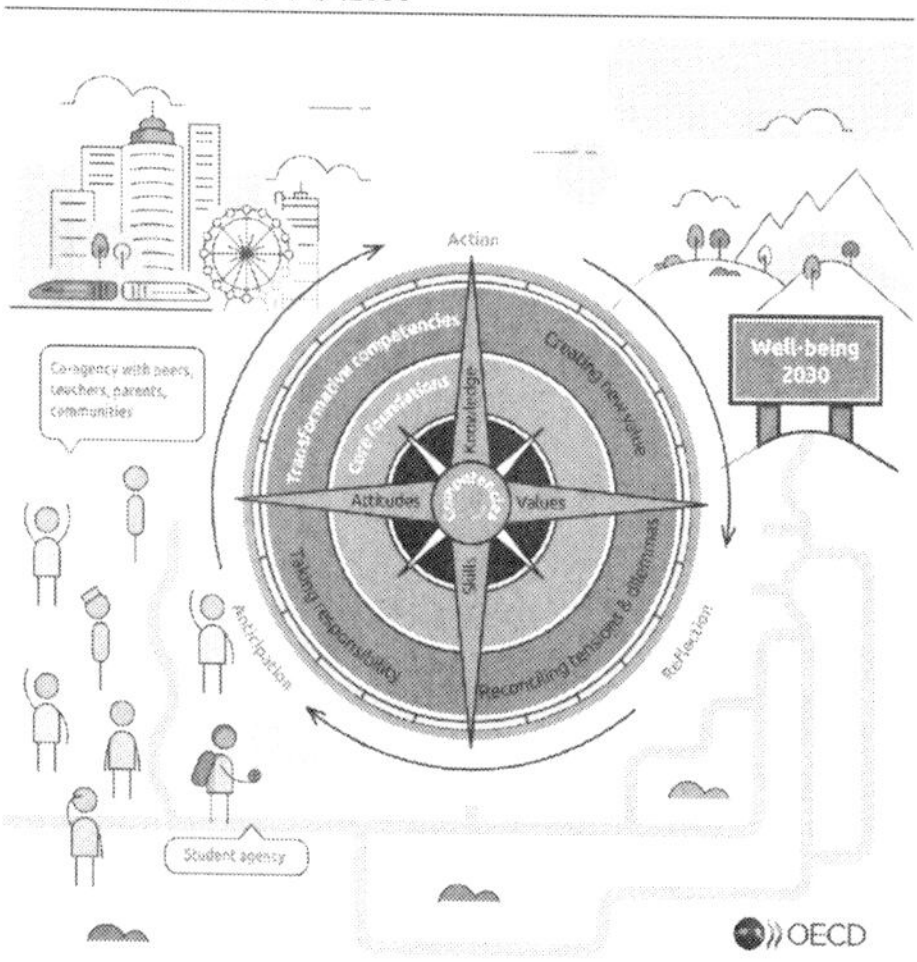

「OECD ラーニング・コ
パス（学びの羅針盤）203
より引用[5]

ビーイングを目指して2030年にたどり着く、一人ではなくて伴走者も多数存在する、そんなイメージです。

近年、大学で初等家庭科教育法等の授業を担当するだけでなく、様々な校種の先生方に家庭科教育のテーマで講演をする機会が増えてきましたが、受講生や先生方と私の家庭科観が異なることが多いと感じています。

家庭科は、ものづくり教科で調理実習のイメージ、雑巾を縫っているイメージ、エプロンやカバンといった小物製作でミシンや手縫いの方法（糸や針の使い方）を教える教科、受験科目ではないので副教科という人が多数います。

家庭科は、①自らの暮らしの質を高める教科、②人・もの・こと・空間・環境などとの「かかわり」や「つながり」を日々の生活の中から気づき、感じ、多様な人々と共に安全に安心して暮らしたいという思いや願いを「かたち」にして「生きる力」を育む教科、③原理を学び、生涯を通して「根っこを育てる」教科である[6]と説明しています。

まさに生涯にわたって「生きる力」そのものを育むベースになる教科ではないか

と思っています。

大学の私の授業で家政学を学んだ学生さんが、「家庭科は何を教える教科か」の問いに以下のような言葉をレポートに書いてくれました。

- 生活者として、生活の質を向上させるとともに自立した生活を営むための知識や技能を習得することが目標。子どもたちに、彼らを取り巻く問題を投げかけ、「気づき」や「創造」へのきっかけを与え、新たな生活課題に直面した時の問題解決力を養う教科。
- 「自立・共生・創造」の３つの目標を基にそれぞれの知識や結びつきに主体的に気づき、自分の過去、現状、未来から課題を見つけ、課題の解決に向けて未来をデザインし、自己実現を図ることの重要性を伝える教科。
- 自立した人間として生きるとともに社会・環境・家族に支えられながら生きていることを理解しながら、自分のためだけでなく自分の周りのことを考えながら生きようとする姿勢を持つための知識を教える教科。
- 社会のあらゆる物事に疑問の目を向けつつ、健康で幸福な家庭生活を営むための習慣や家庭生活を営むことの楽しさを教える教科。

その他にも家庭科で食生活を扱う意義は何か、食生活の学習を通して、あなたは何を子どもたちに伝えたいですか？ という問いにもしっかりと答えてくれています。紙面の都合でご紹介できませんが、食生活以外にも衣生活、住生活を扱う意義などを考え、子どもたちにどのような力を育成したいかを明確にして、家庭科の授業を実践する大切さを感じ取ってくれているようです。

家庭科は、家族・食生活・衣生活・住生活・消費生活と領域ごとに学習することが多く、生活を総合的に捉え、生活の営みの連続性や重要性に目を向けさせることが難しいのですが、家事労働や消費行動に着目すると、生活の営み全体を見ることができます。

調理実習一つとっても、その中にタイムマネジメントや食材選択（誰がどこでどのようにつくったものか、いくらのものを選択するか）、購入（地元のスーパーで買うか、農家から直接買うか、オンラインショップで買うか等）、廃棄（生ごみをどうするか、容器包装ごみをどうするか等）、だれとどこでどのように食べるのかなどの食べ方、器、盛り付け、テーブルコーディネートなど様々な要素を学習に組み込むことができます。災害時を視野に入れた調理実習を取り入れることもできます。

家政学の社会貢献の一つとして、小・中・高等学校の家庭科の授業を通して子どもたちの「生きる力」が育成できる、ということをこれからもしっかりと伝えていきたいと思います。

持続可能な明るい未来を担う、家政を中核とした家庭科教育

冒頭に述べた学生時代に学んだ生活サブシステムの図を、家庭科の教育対象として「家政、家庭生活」を理解してもらうためにどのような図に書き換えることができるか、これまでずっと考えてきました。

ノートに書き込んだメモによると、家庭生活とそれに関係する環境とは、1つの生活システム（家庭生活を中心とするもの）を構成する、生活システムの構造は、

家庭生活の諸目的の実現を目指す家政を中核とし、その家政とは、家族の個人的な要素や相互の関係といった「家族サブシステム」と、家政担当者の経営機能を中心とした「マネジメントサブシステム」の両者を含む、となっています。

つまり人と物、人と人が相互に作用しあい、関係しあいながら、全体につながり、全体としては調和のとれた統一的な活動、と言い換えることができる、と書かれています。なんとか、このことを家庭生活の意味として伝えたいと思いました。

家庭生活をどのように捉えるか、これまでに構造面や機能面などから様々に論じられています。人間を学の中心に据えて、「家政学はこの人間性の育成を芽生えさせることを目指して、人的・物的諸行為・諸技術を実施し、人間が守護されるように工夫し、研究をし、発言しな

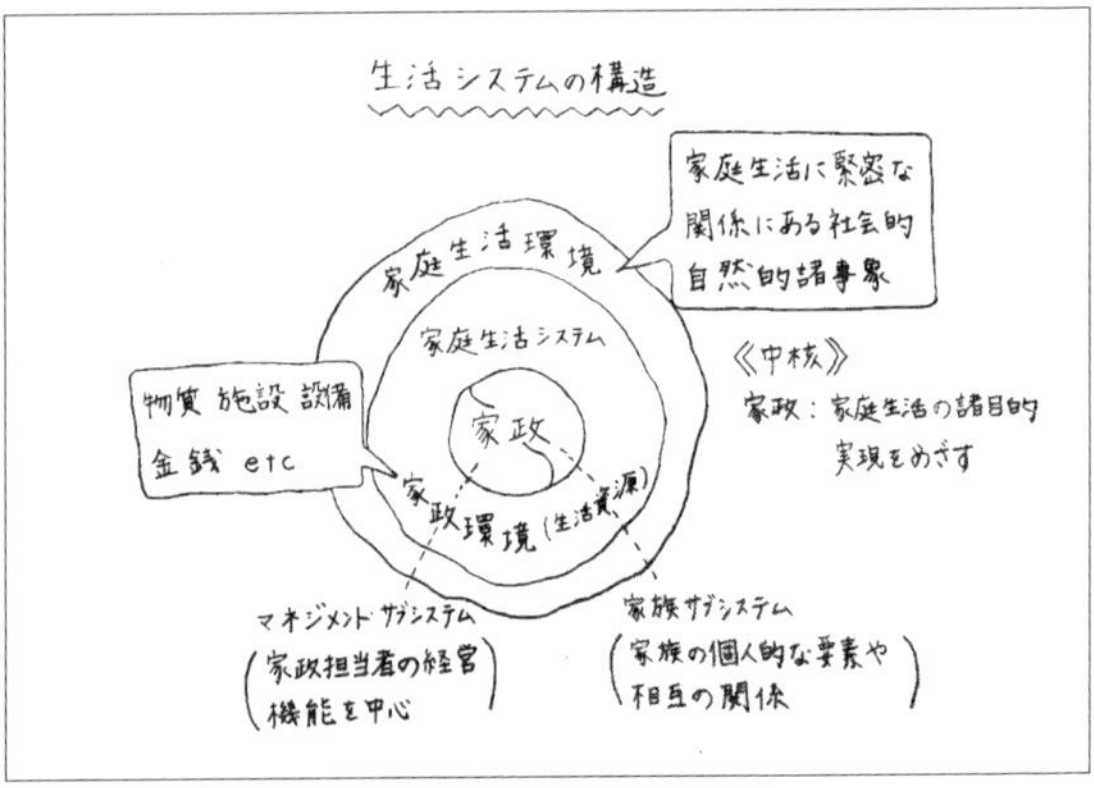

学生時代のノートにみる生活システムの構造

家庭生活の枠組み

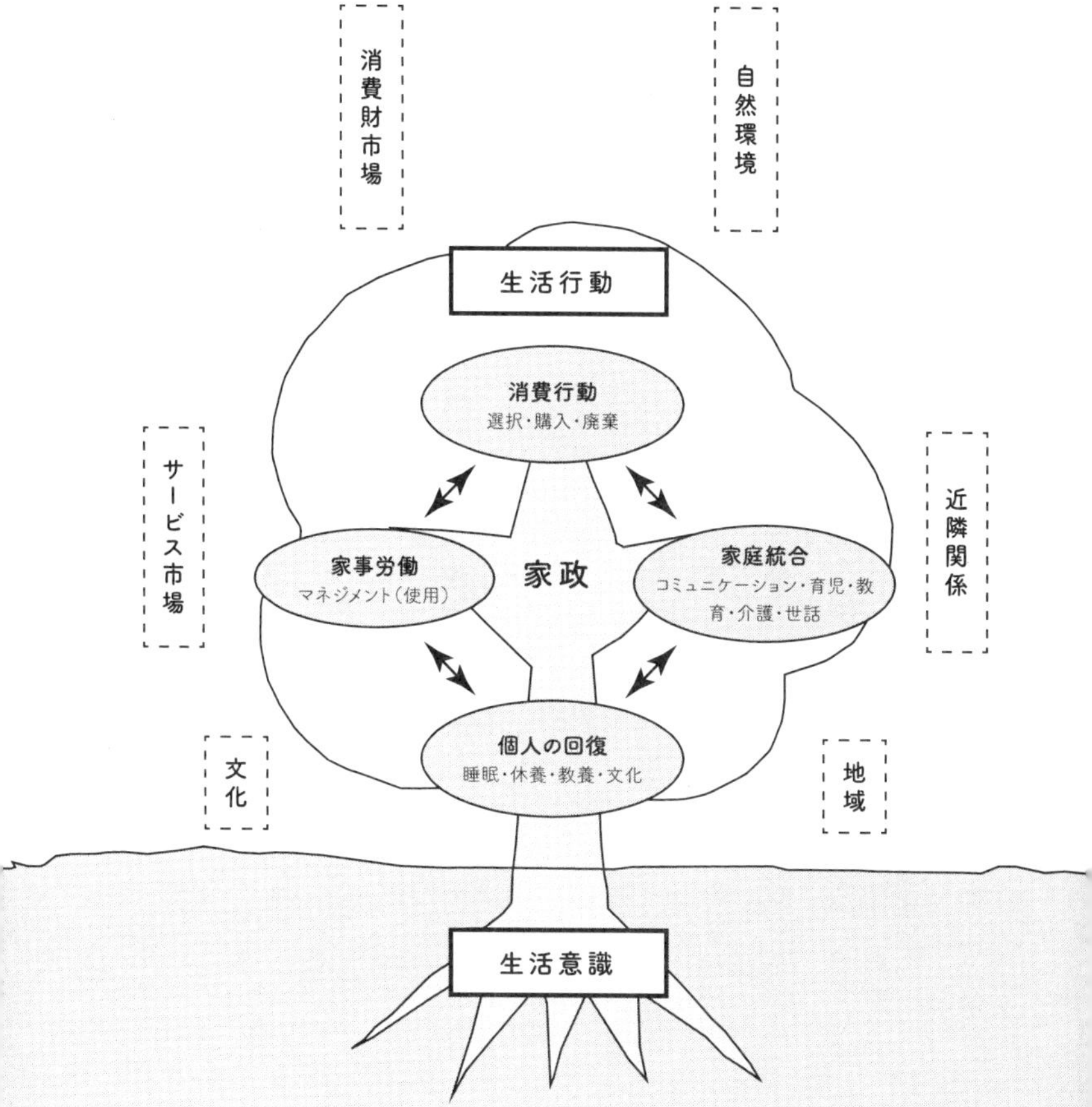
消費財市場
自然環境
生活行動
消費行動
選択・購入・廃棄
サービス市場
近隣関係
家事労働
マネジメント（使用）
家政
家庭統合
コミュニケーション・育児・教育・介護・世話
個人の回復
睡眠・休養・教養・文化
文化
地域
生活意識

ければならない」と関口富佐先生が述べているように、人間性が育成される家庭生活を「成長する木」ととらえてみました。

また中間美砂子先生がパーソンズのＡＧＩＬ理論を適用し、図式化した４つの「家政行動」[7]を生活行動とし、生活意識を根に加えた「生活の枠組み」の概念を図で表現してみました。

実際の生活は、生活環境（経済や家族環境）等も含まれますが、ここではよりシンプルな図にするために生活意識と生活行動のみ取り上げています。木の幹の「家政」は根にある生活意識の実現を目指す意思決定ができる力のようなイメージです。

生活意識とは、ここでは生活の目標とし、健康的に暮らしたいとか、どんな生活をしたいかのその人の生活のめあてのようなものです。生活行動を４つの家政行動に分類した時、これまでの家庭科教育では、消費行動、家事労働、家庭統合を扱っていますが、それらの関連性や個人の回復にはあまり触れてきていません。しかし、この「個人の回復行動」こそが家政行動の要になるのではないかと思います。

生活の豊かさや人間性の育成の観点から考えると、この教養や休養、文化という

「個人の回復」は何より大事な木の幹となり、気力体力が充実した個人であるかどうかということが家庭統合や家事労働といった家政行動に影響します。このことは、「いかに生きるか」を問いながら価値探究と価値実現することの大切さを説いた「家政哲学」にも通ずるのではないでしょうか。

また、お気に入りの絵画や陶器等を見てほっとする空間が家の中にあること、音楽やガーデニング等を楽しむことも生活の豊かさにつながります。華道や茶道、ヨガ等の習い事を楽しむ時間も個人の回復につながります。このことが家庭統合や家事行動にもつながり、充実した家政行動の源になるのではないかと考えるからです。

さらに家庭統合や個人の回復、消費行動、家事労働は、家庭内だけで完結せず、近隣関係、地域、文化、消費財やサービス市場、環境などと深く「かかわって」います。衣生活・食生活・住生活・福祉・消費生活をすべて木の中に入れ込み、生活の全体像とし、家庭外との関連も木の外の言葉で表現しました。木の外も視野に入れて生活をとらえると、「個人の生活の充実は、家庭生活を取り巻く社会の在り方にまで関心を広げなければならない」ことが強調できます。

持続可能な明るい未来

暗黒の持続不可能な未来

今、地球環境が非常事態にあり、これまでのように便利で快適な生活を続けると持続不可能であるという事実に全世界の人々がしっかりと向き合うことが大切です。２０３０年までの10年間を、国連の事務総長が「未来を決める10年」と言っています。暗黒の持続不可能な未来ではなく、持続可能な明るい未来を目指して、自らのライフスタイルと社会の変革を実現できる力を育む家庭科教育を広げていきたいものです。

人と人をつなげる家政学

家政学はもちろん、家政学を親学問（背景学問ともいわれる）とする家庭科や消費者教育に関わり、はや30年以上経ちます。これらの教育を通して様々な人と出会ってきました。仕事を通じて多くの人と出会えたことに感謝しています。

個人がよりよく生きることに加え、地域や社会がその個人をどのように支えるかも重要で、家政学はそのことにも力を発揮できる学問です。

家政学は人と物、人と人をつなげる学問であるということをこれまでの実生活で実感することができましたが、これからはこの学びをどのように社会に還元できるのかを考えなければなりません。生活者の視点を行政の取り組みに反映させ、社会に発信することも一つの方法でしょう。家政学を学ぶ若者を一人でも多く増やすことも効果的です。

家政学の専門家としての社会的活動を模索するために「家庭生活アドバイザー」という資格も取得しました。今後「家庭生活アドバイザー」としてどのように社会貢献できるか、様々なことにチャレンジしていきたいと思っています。

最後に家政学を学んだ卒業生からのエッセイをご紹介します。

大学時代の家政学の学びが実生活にどのようにいかされているでしょうか。

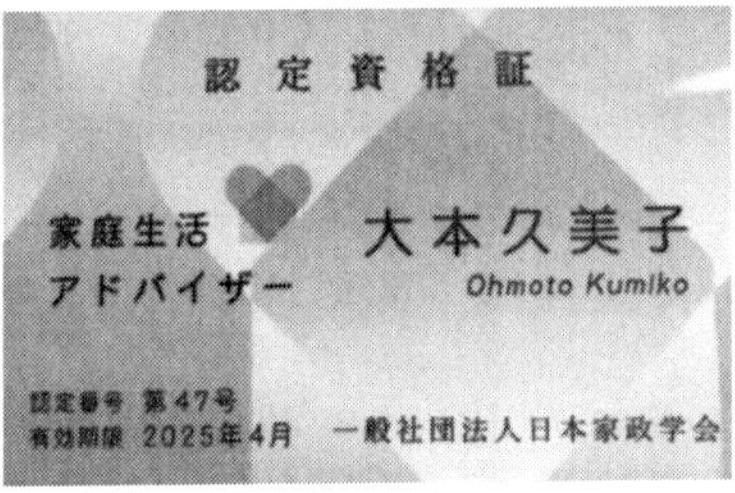

家政学を学んだ若者からのことば

後藤南実子さん

私は今28歳、専業主婦で0歳児の育児をしています。大学4年間で家政学を学び、地元で小学校教諭として働きました。結婚を機に退職し、現在は東京に住んでいます。金銭面の不安や社会から切り離された不安がないといったら嘘になるかもしれません。しかし、私はこの道を望んで選択しました。今まで学んだことを生かして実践し、暮らしを営んでいくことに充実感も感じられています。不安より充実感が勝っているのは、自分にとって心地よい暮らしを営むことに力を注げているからだと思います。

私は、元々食べることや料理が好きで、家庭科が子どもの頃から好きでした。それは、両親の影響が大きかったと思います。漠然と好きだった家庭科ですが、大学で家政学を学び知識を得て、様々な人の話を聞くことで、自分にとって何を大切にしてこれからの人生を過ごしていきたいかをより明確にできたと思います。私にとってそれは「食」でした。一概に「食」といっても、自分の健康のためはもちろん、自身の食の選択が家族や社会にどう繋がるのかを意識したいと考えるようになりました。例えば、買い物をする際、食品表示で添加物や生産地を気にしたり、本当に必要か吟味してゴミにならないか考えたり。ただ、暮らすのではなく、持続可能かどうか考えながら生活することを楽しめているように感じます。自分の支払える価格帯で、より安心安全なものを見つけられたときや、冷蔵庫にある食材を余すことなく料理できたときなどに充実感を感じます。些細なことですが、その積み重ねが日々の暮らしの心地よさに繋がっている気がします。

自分の暮らしをどう営んでいきたいかがイメージできていると、困難や疲労を感じ、自分が弱った時に回復するヒントにもなります。コロナ禍で専業主婦、育児をしている今、それを実感しています。出産を経験した自分の身体の変化に戸惑い、心や身体が簡単に弱ってしまう自分がいることにも気がつきました。自分の心と身体が元気でなければ育児は苦痛になっていきます。そんな時、美味しい物を食べる、料理をする、調理道具を選んで購入する、料理番組を見る、夫と食べ物の話をする……様々な「食」にまつわることが私にとっては気分転換になり、自分の心と身体の健康を守ることができているように思います。

家政学を学んで、暮らしの中にたくさんの家政学の要素があることに気付き、家政学の視点で物事を見られるようになったことは大きな財産です。私にとっては〝食〟でしたが、暮らしで大切にしたいことと出会えるとより暮らしが心地よいものになるのではないかと感じています。これからの未来を生きる一人ひとりの子どもたちが自分の家政行動を心地よいものにできれば、社会や地球環境も変わってくるのではないかと考えています。学校や家庭で教えられること、体験できることが子どもたちの人生に深く繋がっていることを意識して、私たち大人は行動や発言をしていけたら良いなと思います。

藤野順子さん

私は現在31歳。

高校の家庭科教員をしています。家政学は大学・大学院の6年間学びました。そんな私の周りは働き世代、子育て世代。20代、30代の若者が生活の中で抱える「困りごと」や「なぜかうまくいかない」を聞いていると、家政学で学んだことを思い出すのです。

例えば、「お金が貯まらない」という30代前半の友達。大学を卒業して就職して約10年になるのに、まとまった金額が貯まらない。話を聞いていると、家計はマイナスにはなっていないので一見バランスが取れているように見えるのですが、先々に必要になるお金のことは考えられていなかったりする。これはよく聞く話で、結婚する時や子どもが生まれた時など、各ライフイベントでどれくらいのお金が必要かを計算できていなかったことから、大きなライフイベントが出てきた時にお金が足りない状況になり困ってしまうのです。

私は家政学で家計経済について学んできたので、こういったことに遭遇したことは今のところありません。人生における経済の見通しが持てると、自分の収入と見合わない生活を送ることも自然と無くなるし、むやみに将来の生活への経済的不安を抱えることもありません。だからと言って、節制ばかりしている訳ではなく、独身時代は1~2年に1回は海外旅行に行き、新しい文化に触れて刺激を受けて視野を広げてみたり、趣味で続けているクラシックバレエは私のライフスタイルに欠かせない存在なので、お稽古代等を切り詰めて我慢したりすることはありません。その代わり、家賃や保険代など固定費を定期的に見直し、毎月決まった額を貯金と投資に回してから、やりくりをするようにしています。家政学を学んだ人は、「人生や生活に必要なリスクヘッジ」ができている人が多いのではないでしょうか。

また、30代前半である私の周りには「結婚したくてもできない」人が多いのですが、これも家政学の視点からみるとその理由(の一部)が紐解けることがあります。「結婚したくてもできない」人の理由として多いのは「良い人がいない」ですが、私の周りの同じ世代の人達の話を聞いていると、そもそも良い人と出会う前に働く時間が長過ぎて、休日は家でひたすら休養しているので出会いのチャンスを逃している可能性があったり（長時間労働問題）、男性側に経済的な余裕がなく結婚に踏み切れない場合や、女性が結婚後の生活を考えた時に仕事と家事・育児の両立ができるのか不安であるといった理由（ジェンダーと性別役割分業意識）で結婚をためらっている人がいることです。

これらの理由は全て家政学で学んだことと結びついてくるのです。まだまだ、若い世代の中にも無意識のうちにこういったジェンダー観が根付いており、自らの結婚観や家族観に影響しています。しかし、当人達はなぜ自分が結婚できないのか分からず悩んでいます。家政学を学んでいると、このような近年の結婚や恋愛に関する意識や動向を知る機会があるので、自分の価値観や人生観と照らし合わせて考える機会があります。この考える機会こそが、今の若者世代に足りないのではないかと思います。

他にも、共働き夫婦であっても女性の家事分担の割合が多く不満が爆発している女友達や、母親になったが「ワンオペ育児」で疲労困憊する話、育児に参加したくても会社が休ませてくれないという男友達など、若者世代の家庭にまつわる「困りごと」は絶えません。ひと昔前のように「絶対に専業主婦が良い」という人は男女共に減っていますが、当人達の周囲（例えば、親・祖父母世代、職場など）で家事・子育ては女性の仕事だという認識が根深く残っています。

これらの困り事を解決するためには、夫婦両者の相互理解が必要です。同じ30代の私の夫は、結婚する以前から子育てを含む家庭生活に主体的に関わりたいと言っていましたが、周りの男友達からその考えを一蹴されていたそうです。稼いでくることが男性の役割だということです。そして、周りの女性もそのような役割を男性に求める人が多かったので、結婚に対して違和感を感じていたと言っていました。今では、対等で互いを支え合える私の良きパートナーになっています。彼がなぜ家庭生活への考え方が周囲の男友達と違ったのか聞いてみたところ、今の職業（言語聴覚士）に就く際に「子どもの発達」について学び、考えが変わったと言っていました。男性も子育てに主体的に関わらないと勿体ないと感じたそうです。その学びこそが、人生の中で大切にしたい家族や家庭生活を創るために必要なのだと思います。実際に、私も妊娠中はホルモン変化からくる情緒不安定になる時期や、あらゆる匂いがだめになる時期があり、夫に当ってしまうこともあったのですが、夫は事前に学んでいたからこそ「そんなものだ」と受け入れ、辛いつわりの時期を支えてもらい、とても感謝しています。夫婦として目指す家庭像を共有し、それに必要な自分の家庭内での役割を常に考えられることが必要だと思います。

このように、家庭生活全般における学びこそが家政学で扱う分野になります。私の夫がたまたま学んだ「子どもの発達」もそこに含まれています。多くの人が人生で大切にしたい「家族」や「家庭」や「日々の生活」を、より豊かにすることができる学問が家政学だと思います。家政学を学ぶことで、今の若者世代も人生や生活の中の「困りごと」や「なぜかうまくいかない」を少しずつ解決できるのではないでしょうか。

巻末資料

家政学教育のあゆみ

本書では、宮下美智子先生が1956年から家庭経済学、家庭管理学を専門に大学にお勤めされたところから、家政学を学び教えてきた先生方のお言葉とともに家政学の歴史を辿ってきました。

巻末では宮下先生が退官時に書かれた玉稿を通して、家政学教育のあゆみを振り返ります。

宮下先生のことば再収録（ご退職記念誌『生活文化研究』第37冊からの転載）
「家政学教育40年をふりかえって」[8]

はじめに

私は今年3月に停年退官を迎えることになった。1956（昭31）年大阪学芸大学家政学教室の助手として赴任してから、なんと41年もの間お世話になった。私の家政学・家庭科についての思想や知識は大方ここで得られたものである。この大学を去るにあたり、長年にわたり私を育ててくれた大阪教育大学家政学教室に継承されてきた家政学教育の有形無形の伝統を思い返し、ここに書き記して次代の方々にバトンタッチしたいと思う。

私はここでの家政学・家庭科に出会うまで、実はほとんど家政学に関心を持っていたなかったといってもよい。旧制高等女学校2年生で終戦を迎え、1948年に学制改革による高等学校2年への移行で男女共学の開始を経験した。その時、旧制中学校から進学してきた男子生徒から「女が入ってくると学力が下がる」という排斥の声があがり、とても悔しい思いをした。事実、男子の旧制中学校と女子の高等女学校とのカリキュラムの違いによる男女の学力差は、とくに数学・英語では大きく、私は女学校4年間での家事・裁縫学習に費やした時間が恨めしくさえあった。だから高等学校でも家庭科を選択しなかったし、大学での専攻も家政学ではなかった。

そんな私を家政学・家庭科に引き寄せて下さったのは、宮川満先生であり、先生を通じて大阪学芸大学家政学教室の目指している家政学教育はそれまで私が見聞きしてきた家事・裁縫教育とは全く違うことを知り、また栄養学の篠田統先生が「家事教育が必要なのはむしろ男子であり、女子にはもっと科学的知識が必要」と言われたのを自分の経験から共感をもって受けとめた。そして家政学・家庭科の生まれ変わりのために、私の微力も加えたいと思った。

以来40年を経て、現在。家政学は再び改革再編の渦中にあり、家庭科教育も大きな岐路に立っている。その時に当たって家政学教室の先学が創られ、私たちがこれまで継承してきたものを改めて確認しておきたい。それをこれからの家政学教育にどう活かしていくのか、そこからどう脱皮するのかは、後進の方々によろしくとお願いするのみである。

家政学教育の有名無形の伝統について、すべてを挙げることは、私の能力を超えるので、教育面でのいくつかの有形の実績を取り上げ、それを通じて無形の伝統についても考えたい。

家政学教室の設立と「生活文化研究」

1949（昭24）年三師範学校を母体として大阪学芸大学が生まれた。当時家政学教室設立の中心にあった篠田統先生らの構想は「新しい時代の人間教育としての家庭科は、バックボーンは社会科学的に、実施方法は自然科学的でなければならない。」（注1）というものであり、この考え方は当時においては革新的であったし、先見の明があったと思う。その構想は、教官構成、研究・教育の組織や方法において、さまざまな形となって表れている。教官の構成においては、他の教員養成大学に先がけて食物学、被服学、育児・看護学、住居学、家族関係学、家庭経営学のスタッフを揃え、家政学全般にわたる教育体制がとられている。

また独自の研究組織として1951（昭26）年4月、家政学教室教官と家庭科専攻学生を主な構成員とする生活文化研究会を創設した。この研究会の活動の1つとして生まれたのが研究誌「生活文化研究」である。

本誌「生活文化研究」は1952年3月に創刊、以後第15冊（1966）まで毎年1冊のペースで発刊、大学紛争期前後の休刊の後、1972年に第16冊を出し以後時々休刊しながらも本号37冊に至っている。この「生活文化研究」第1冊には教官の研究論文や論説、生活文化研究会が実施した生活実態調査の報告などが掲載されている。投稿規定には「家政学に関する科学的研究並びに論説」となっているが、その内容は当時の「家政学雑誌」とはかなり色合いの違うものが並んでいる。はしがきに「最近大阪学芸大学家政学の各研究室から、引き続いて多くの研究業績が発表された。その研究分野は多種多様であって、その業績に特に変わったものが多い。しかしこれを大局から見ればすべて私共人間の文化生活に密接なつながりを持ったものばかりである。この意味で、私共にとっては極めて興味ある研究であると思われる。」と家政学についての広い認識がうかがえる。これより1年前（1951）に全国的な家政学会誌として「家政学雑誌」が発刊されている。その創刊の辞には「元来家政学の内容が、自然、社会、人文の諸科学に広く其基盤をおくと同時に、家庭生活に於ける独自の研究と応用の分野とを広範囲にもち」としているが、実際に掲載された論文は食物・被服関係の自然科学的研究に偏っている。戦後の家政学が技能的家事・裁縫から脱却して、科学として独立しようとしたとき、それまでの蓄積から自然科学的研究に主流がおかれたことは無理からぬことかもしれない。しかしその中にあって本学の研究グループが生活文化研究会を名乗り、ひろく文化としての人間生活に、家政学の研究対象を置き、生活を多面的総合的に捉えようという方向を示したことは特筆すべきことだと思う。

当時このような研究を家政学として受けとめる研究発表誌がなかったこともあって、「生活文化研究」は、教室に属する教官・学生の研究業績の発表の場という役割だけではなく、それまでの家事・裁縫教育を脱皮した家政学・家庭科教育の創造をめざして、この教室から学界に向けて発信していこうという意気込みのあふれたものとなった。また趣旨に賛同される外部の研究者の論文を積極的に載せたり、学位論文を掲載したことも、研究誌としての評価を高めた。

このように「生活文化」が本学の家政学研究を象徴する用語として使われてきたが、この用語が広く一般に使われるようになったのは1970年代以後であり、とくに近年の家政学の改革構想のなかで、「生活文化」という学科名や科目名がよく見られるようになった。今日、多用されている「生活文化」という概念は家政学の中でまだ共通認識を得るに至っていないが、生活科学と並んで位置付けられている。人間の日常生活の仕方を、生活する者の願望や価値観を含め多面的総合的に捉えようとする社会・人文科学的研究の系譜と考えられる（注2）。

生活実態調査

生活文化研究会のもう1つの特色ある活動として生活実態調査がある。1951年より教官・学生が合宿して各地の生活実態調査を行い、その成果を「生活文化研究」誌に発表してきた。毎年、夏休みの恒例行事であったこの実態調査は、学生が生活を知るための実地教育を目的としたもので、予備調査、調査の計画、現地との折衝、調査票の作成、集計、分析、まとめまでを通して指導した。現地では戸別訪問、インタビューの仕方の学習のみでなく、合宿して自炊も交替で行った。実態調査の目的は主として学生の教育にあったのだが、調査内容は衣食住を含む生活様式、家族関係、衛生状態など生活全般に及んだ。このように家政学・家庭科教育の対象を、まず現実の生きた生活の実態におき、各分野の教官が参加して共通の対象を多面的総合的に把握する試みは、総合的科学といわれる家政学の研究方法として、基本的な一つのあり方を示している。

（調査詳細記録は、中略）

調査は戸別の聞き取り調査が主であったが、役場の資料採訪、民族調査、衛生調査など、その地の生活に対応した問題をとりあげた。また現地の人との懇談会や、講演会にも応じ、なかなか忙しかった。その中で、学生は野菜の作られているところを実際に見、村のよろずやに並んでいる食品を見たり、夜には近くの農家でお風呂にいれてもらったりという経験もした。また、集団生活をするなかで、折りにふれ教師としてのしつけも受けた。参加学生の方からも、その時はしんどかったが卒業後に役立ったという感想を多数聞いている。

上記の年を最後に1971年以降は家政学教室全体での生活実態調査は行っていない。研究室単位または卒論の共同調査など、少人数での限られたテーマによる調査となった。中止の理由は、学生数の増加に対して、人口の都市集中、近郊農家のサラリーマン化などにより、適当な調査地が得にくくなったことが最も大きい。またこれまで農山村調査が多かったのは、教師になる学生に自分たちの生活とは違った生活を見せようという意図があったが、学生の生活経験が少なくなり、自分たちの都市の生活の問題をもっと認識させる必要があるという意見も出てきた。今からふり返ると、全国的に家庭生活の大きな変動期にあり、これまでのような方法による調査がむずかしくなっていたといえよう。

これらの理由から生活実態調査はひとまず中止し、これまでの経験を家政学演習の形で活かして行こうということになった。

家政学演習と総合教育科目

前述した生活実態調査を中心とした指導のなかで、各研究室が専門を持ちながら協力して学生に生活を総合的に把握させようとした成果は大きかったと思う。また、学生だけではなく、教官もお互いに学んだ点は多かったし、大阪教育大学家政学教室の家政学・家庭科教育の考え方が形成されるのに役立ったと思う。

すでに実態調査を実施していた頃から現地での指導のみでなく、事前の予備調査、調査項目の選定、調査票の作成、結果の整理、分析、報告書の作成など、事前、時事後の指導や討論も行っていた。当初はこれらの時間を授業時間に組み込んでいなかったが、1962（昭37）年から家政学演習2単位として3回生の授業時間に組み入れ、今日に至っている。

実態調査中止後は、それに向けての学習を演習時に行わなくなったが、それまでの伝統を生かし、生活を総合的に考えさせるために、教官が全員出席して指導することは継続してきた。学科制の実施（1962）や講座制の整備（1974）のなかでカリキュラムにおいても、各専門科目の専門性は高まってきたが、一方では家政学・家庭科教育の総合性という特徴を学生に把握させることも求められたからである。

また生活実態調査は学生を主体にした研究活動を教官が助けるというところから始まっている。家政学演習を授業時間に組み入れたことから、教官からの方向づけや評価も必要となったが、当初の趣旨は継承されてきた。学生の興味関心をできるだけ活かし、卒論作成に入る前の時期に学生が自分で調べ、まとめて発表する経験をさせようという意図から、各人のテーマ設定による個人発表、研究室単位のグループ発表のスタイルが生まれた。教官の方は、家政学としての思考方法・内容についての見識を討議の中で示さねばならないわけで、広い分野にわたって適切な指導をすることは、一人ではとてもできないことであり、教官全員の協力がどうしても必要である。家政学演習のもう1つの目的として教師になる学生にとって自分の考えていることを人前ではっきりわかるように説明し、また資料類を有効に使って人に理解させる方法の練習でもある。そのため家政学演習を教育実習前においてきたが、近年3回生実習となったため実習後発表の学生も出てきている。このほか上記の諸目的から考えて発表ばかりでなく、討論への参加、司会としてのとりまとめも大切な訓練である。

ところで、総合教育科目の必要性は、家政学の分化・専門化がすすむ中で、教員養成大学としてのカリキュラムを検討した時に出てきた問題である。1975年から1977年(昭50~52年)に行われた教員養成大学・学部教官集会でもとりあげられたように記憶している。当専攻のカリキュラムをみると、「家庭生活調査法」は1976年から、「老後生活論」が1978年から、「家政学原論」が1980年から設けられている。これより前には1951年に、一般教養科目に生活科学(自然系)がおかれていたが、学科制実施とともに1966年家庭専攻の基礎入門として、「家政学A」、「家政学B」となり、今日に至っている。

総合科目は今後も新たな問題に対応して設けていく必要があると思われるが授業課目としては教員免許における科目の区分に入りきらないという問題がある。今日の生活問題にとりくむ家庭科教員を養成する立場から、教員免許の基準も見直すべき時期にきているのではなかろうかと考える。

おわりに

以上のことを通して、私たちが継承してきた家政学教育の特色は家政学の実践性、総合性にあると思う。家政学が独立した科学として認められるようになって50年、各領域の研究レベルはあがり、その結果、家政学の細分化、専門化が進んだ。それに対して、家政学の総合化の必要性も指摘されてきたところである。しかし近年の家政学の改革再編の方向は、専門化、分化がより一層進む方向にあるのではないかと思われる（注3）。しかし、教員養成大学における家政学教育としては、生活を生活者自身の主体的な問題としてとらえる実践性と、生活を全体として捉える総合性とを軽視するわけにはいかない。この特色を現在の家政学教育のなかにどういかしていくかが、大きな課題と思われる。

注

（1）大阪学芸大学十五年史編纂委員会：大阪学芸大学十五年史、1964

（2）日本家政学会家政学原論部会関西地区会：生活研究に関わる家政学のキー概念、P.27、1996

（3）日本家政学会特別委員会：家政学における大学教育の充実のための指針、1991

後注

1 『家政哲学 人間守護を主軸とする家政学確立のために』関口富佐編著 家政教育社（1977）

2 「2018年 IFHE Position Statement:：Home Economics in the 21st Century の抜粋要約」
正保正恵『家政学原論研究』No43（2009）

3 「未来世代の生活の質を向上させる家政学の使命」工藤由貴子『家政学原論研究』No53（2019）

4 『家政学原論　生活総合科学へのアプローチ』富田守　朝倉書店（2001）

5 「OECDラーニング・コンパス（学びの羅針盤）2030」
https://www.oecd.org/education/2030-project/teaching-and-learning/learning/learning-compass-2030/OECD_LEARNING_COMPASS_2030_Concept_note_Japanese.pdf（2021年2月閲覧）

6 シリーズこれからの家庭科教育「持続可能な社会をつくる家庭科」小澤紀美子『日本家政学会誌（2013）

7 『家庭科教育学原論』中間美砂子　家政教育社（1987）

8 『生活文化研究』第37冊　大阪教育大学家政教育講座（1997）

おわりに

最後まで本書を読んでくださり、ありがとうございました。

個人・家族・コミュニティにとって最適で持続可能な暮らしの実現を目指す「家政学」の存在、またその具体的な実践知、加えて家政学の教育実践の担い手である「消費者教育」や「家庭科教育」について知っていただくことができ、嬉しく思っています。

家政学の意義を再確認したこの機会に、学生時代に学んだ「生活サブシステム」を家庭科教育で扱うことができる「生活の枠組み」に捉え直してみました。「消費行動」「家事労働」「家庭統合」「個人の回復」の4つの「生活行動」と「生活意識」に焦点を当てた「家庭生活」です。

先生方にご紹介いただいた家庭生活をそれらに照らして、理論と実践のつながりを確認してみたいと思います。

第1章では、昭和30年代の職業生活を重視した「共働き」生活をご紹介いただきました。ご夫婦で食後に片付けの時間を共有することで、話し合いの時間を確保されたことは、まさに家事労働を通して家庭統合をはかられた事例です。性別に関係なく職業を持つ、という生活意識のもと、「女性だから……」と言われないように様々な工夫や努力をされて、当時珍しかった「共稼ぎ・共働き」生活を実践されていました。

第2章では、家族間の「情報共有」をはじめ、生活における「様々な工夫」についてご紹介いただきました。生活意識にあたる部分は「家族関係の安定」と「家族全員の健康維持」でしょうか。「健康・安定」という不易の価値を重視した「消費行動」「家事労働」「家庭統合」を実践されていました。「個人の回復」の秘訣でもある体力を温存する具体的な方法も教えていただきました。ご自身の家庭生活を消費者教育・家庭科教育の実践の場とされていたことからも、まさに理論と実践の統合や循環を重視されていました。親から子どもへの家庭教育の重要性も伝わってきます。

第3章では、中学時代の校長先生との出会いから、「女性がフルタイムで働く」「働く能力のあるものは、それを労働力として提供することで収入を得る」という生活意識、つまり根っこの部分がしっかりとつくられていたことが紹介されています。高校時代にすでに効率の良い「家事労働」や「家庭統合」を実践されていました。

三人の先生方に共通していることは、平等に与えられている「時間」という生活資源の使い方にそれぞれの工夫がみられるということです。家政学者は、確固たる生活意識に基づいて、バランスの取れた家政行動のマネジメントを自身の生活の中でも実践されていることが明らかになりました。つまり、家政学（家庭科教育や消費者教育）では、自身の生活意識を明確にし、それを軸とした意思決定ができる力を養うことが求められます。目標実現に向けて家政行動をマネジメントできる力《いわゆる生活経営力》を育成することが、豊かな生活をつくる力につながると考えられます。小・中・高等学校で学ぶ家庭科は生活技術を身につけるだけでなく生活を豊かに、楽しくする教科であり、学校卒業後の自らの生活の支えとなる生活経営力を培う教科であることを実感していただくことも本書のねらいです。

第4章では、私がライフワークとして関わってきた消費者教育や家庭科教育への思いを通じて、人と人をつなげる家政学の魅力をまとめました。家政学を学んだ卒業生のエッセイも掲載しています。

ウイズコロナ・アフターコロナという新しい時代に適応したライフスタイルとは

どのようなものでしょうか。「これまで通り」が通用しない中で、自分はどのように生きたいのか、社会の変容を自分の目で正しく見て（理解し）、判断（予測）し、変革していかなければなりません。10年先、20年先の未来を見据え、どのような態度で、どういう思いをもって生きていくのか、立ち止まって自身のライフスタイルを考える必要があります。その際にこの「家政学」を少し思い出してみてください。

一人ひとりのライフスタイルを変革することが、「脱炭素社会」の実現という、世界共通の課題に向き合うことにつながっています。誰一人取り残されない豊かな社会とは、個人が豊かに生きること、持続可能な明るい未来の創り手になることでもあります。今こそ個人・家庭・社会を包括的にとらえ、生活の質を向上させる「家政学」という学問の意義を見直す好機ではないでしょうか。

出版にあたって、烽火書房の嶋田翔伍さんにお世話になりました。半年にわたり対話を重ねながら楽しく執筆できましたこと、感謝申し上げます。

2021年3月

大本久美子

［**編著者**］
大本久美子 おおもと・くみこ
京都市に生まれる
現在 大阪教育大学 教授
専門 家庭科教育 消費者教育 家政学 生活経営学

著書
『楽しもう 家政学 あなたの生活に寄り添う身近な学問』（2017）開隆堂（共著）
『持続可能な社会をつくる生活経営学』（2020）朝倉書店（共著）
『家庭科 授業の理論と実践 持続可能な生活をつくる』（2020）あいり出版
など。

『生活を愉しみ豊かに生きる 家政学者の生活実践』
2021年5月31日 初版発行

編著 大本久美子
イラスト 後藤南実子
デザイン 嶋田翔伍
発行人 嶋田翔伍
発行 烽火書房
京都府京都市下京区小泉町100-6
tel 090-5053-1275
印刷 城南印刷株式会社